# Cuentos y sagas vikingas

*La historia fascinante de Ragnar Lothbrok, Ivar el deshuesado y Lagertha, entre otros, así como otras historias legendarias de vikingos en su contexto histórico*

© Copyright 2020

Todos los derechos reservados. Ninguna parte de este libro puede ser reproducida de ninguna forma sin el permiso escrito del autor. Los revisores pueden citar breves pasajes en las reseñas.

Descargo de responsabilidad: Ninguna parte de esta publicación puede ser reproducida o transmitida de ninguna forma o por ningún medio, mecánico o electrónico, incluyendo fotocopias o grabaciones, o por ningún sistema de almacenamiento y recuperación de información, o transmitida por correo electrónico sin permiso escrito del editor.

Si bien se ha hecho todo lo posible por verificar la información proporcionada en esta publicación, ni el autor ni el editor asumen responsabilidad alguna por los errores, omisiones o interpretaciones contrarias al tema aquí tratado.

Este libro es solo para fines de entretenimiento. Las opiniones expresadas son únicamente las del autor y no deben tomarse como instrucciones u órdenes de expertos. El lector es responsable de sus propias acciones.

La adhesión a todas las leyes y regulaciones aplicables, incluyendo las leyes internacionales, federales, estatales y locales que rigen la concesión de licencias profesionales, las prácticas comerciales, la publicidad y todos los demás aspectos de la realización de negocios en los EE. UU., Canadá, Reino Unido o cualquier otra jurisdicción es responsabilidad exclusiva del comprador o del lector.

Ni el autor ni el editor asumen responsabilidad alguna en nombre del comprador o lector de estos materiales. Cualquier desaire percibido de cualquier individuo u organización es puramente involuntario.

# Tabla de contenidos

**PRIMERA PARTE: SAGAS VIKINGAS** .................................................................... 1
**INTRODUCCIÓN: LA ÉPOCA VIKINGA** ................................................................ 2
**PARTE I: EL MUNDO DE RAGNAR LODBROK** .................................................. 6
    La vida en la Escandinavia medieval ............................................................. 6
    Los vikingos en el extranjero ......................................................................... 13
    Artes verbales vikingas .................................................................................. 23
    ¿Quién fue Ragnar Lodbrok? ......................................................................... 30
**NOTAS SOBRE EL MUNDO DE RAGNAR LODBROK** ................................... 35
**PARTE II: LA SAGA DE RAGNAR LODBROK Y SUS HIJOS** ........................ 41
    Ragnar se convierte en rey ............................................................................. 42
    Ragnar y el dragón ......................................................................................... 45
    Aslaug ............................................................................................................. 50
    Ragnar y Aslaug ............................................................................................. 54
    La disputa con el rey Eystein ......................................................................... 60
    La muerte de Ragnar Lodbrok ....................................................................... 65
    La venganza de los hijos de Ragnar ............................................................. 69
**NOTAS DE LA SAGA DE RAGNAR LODBROK Y SUS HIJOS** ..................... 73
**PARTE III: REPRESENTACIONES DE LOS MITOS E HISTORIA NÓRDICOS EN LOS MEDIOS MODERNOS** ........................................................ 81
    Los dragones en la Tierra Media de Tolkien ................................................ 81

NOTAS SOBRE LOS DRAGONES EN LA TIERRA MEDIA DE TOLKIEN ............................................................................................ 90
EL CHOQUE DE LA HISTORIA Y EL DRAMA EN LA SERIE DE TELEVISIÓN VIKINGOS DEL CANAL HISTORY ................... 100
NOTAS SOBRE EL CHOQUE DE LA HISTORIA Y EL DRAMA EN LA SERIE DE TELEVISIÓN VIKINGOS DEL CANAL HISTORY ............... 109
APÉNDICE: LA HISTORIA DE SIGFRIDO Y BRUNILDA ..................... 120
SEGUNDA PARTE: CUENTOS DE LA ERA VIKINGA ........................... 129
*FASCINANTES SAGAS LEGENDARIAS E HISTÓRICAS*...................... 129
INTRODUCCIÓN ....................................................................................... 130
LA SAGA DEL REY HEIDREK EL SABIO ................................................ 133
SELECCIONES DE LA SAGA DE ÖRVAR-ODDR ................................... 171
LOS VIAJES A VINLANDIA ..................................................................... 190
VEA MÁS LIBROS ESCRITOS POR MATT CLAYTON ......................... 222
REFERENCIAS .......................................................................................... 223

# Primera Parte: Sagas vikingas

*La fascinante historia de Ragnar Lodbrok, Ivar el Deshuesado, Ladgerda y otros, en su contexto histórico*

# Introducción: la época vikinga

Al período comprendido entre el final de la era común (E. C.) del siglo VIII y la mitad del siglo XI se le suele llamar la «época vikinga» porque se trata de un período en el que los pueblos escandinavos expandieron sus contactos con el mundo exterior a través del comercio, las incursiones, la exploración y la colonización. Esta expansión fue impulsada por las mejoras en la tecnología de la construcción naval combinada con una cultura que valoraba la reputación personal, el coraje y la habilidad militar como componentes esenciales del carácter de uno, al menos para la porción masculina de la población.

La evidencia arqueológica puede decirnos mucho sobre cómo vivieron y murieron los primeros escandinavos, pero no puede llevarnos muy lejos. No es hasta la época vikinga que empezamos a tener suficiente evidencia escrita para reconstruir aspectos de la historia y la cultura escandinava temprana. La escritura —sin tener en cuenta las runas, que se utilizaba con fines mágicos y religiosos, para monumentos o para identificar posesiones— era desconocida en Escandinavia hasta la llegada del cristianismo, que comenzó con los esfuerzos misioneros anglosajones a principios del siglo VIII y se había arraigado en toda Escandinavia en el siglo XII. Los primeros documentos escandinavos, por lo tanto, datan del siglo XII, el período durante el cual el cristianismo se extendió.

Los contactos limitados entre Escandinavia y los países más meridionales cambiaron a finales del siglo VIII, y el cambio se debe generalmente al repentino aumento de las incursiones vikingas a gran escala en importantes centros religiosos y políticos, como el monasterio de Lindisfarne en Inglaterra en 793 y el de Iona en Escocia en 795. Las incursiones en el territorio franco, parte del cual abarcaba zonas de lo que hoy es Francia, Alemania y los Países Bajos, siguieron en el año 799. A lo largo del siglo IX aumentaron los ataques a ciudades de Inglaterra y del Imperio franco, entre ellos el saqueo de París en 845 por un vikingo llamado Ragnar (que puede o no haber sido Lodbrok, el de la saga) y la invasión de Inglaterra por el llamado «Gran ejército» en 879.

La mayoría de las veces conocemos estos ataques no desde la perspectiva de los propios vikingos, sino más bien desde el punto de vista de sus víctimas y de los historiadores medievales posteriores que registraron lo que sabían o habían podido conocer de estos acontecimientos. Las crónicas medievales, normalmente compiladas por el clero del Imperio franco o de Inglaterra, son fuentes primarias importantes sobre las actividades de los vikingos en esta época, y es esta visión de los vikingos como intrépidos exploradores y saqueadores viciosos la que está en el centro de las concepciones populares modernas sobre la cultura escandinava medieval.

Sin embargo, la época vikinga fue mucho más que unas largas naves llenas de feroces guerreros que navegaban a través de los mares y ríos para saquear lo que fuera y matar a quien fuera que se encontraran. Los escandinavos medievales también llevaban vidas complejas que giraban en torno a la agricultura, la artesanía y el comercio, ninguna de estas cosas era tan emocionante para la imaginación como una incursión guerrera, sin embargo, estas actividades se situaban en el centro económico vital de la vida escandinava medieval.

Un producto importante de la cultura escandinava medieval es el conjunto de sagas y poemas que comenzaron a registrarse por escrito en el siglo XII, aunque gran parte de ese conjunto se compuso mucho antes y se transmitió por tradición oral. La *Saga de Ragnar Lodbrok* es uno de estos productos, que combina lo que puede ser uno o dos elementos de hechos históricos con algunos episodios de cuentos de hadas, conexiones con otros aspectos de la mitología nórdica y una buena dosis de acciones atrevidas de los vikingos.

Este libro ofrece una versión de la saga de Ragnar compilada a partir de las diferentes fuentes modernas, junto con la información sobre el contexto histórico y documentación adicional, seguida de un análisis de algunos aspectos de las apropiaciones y representaciones modernas de la antigua cultura nórdica. La primera sección del libro proporciona el contexto histórico de la saga de Ragnar a través de una exploración de la vida cotidiana en la Escandinavia del siglo IX y de la cultura e historia vikinga contemporánea. El texto de la saga en sí constituye la segunda sección del libro, junto con notas que dan más información sobre cómo se presenta esta versión de la saga y sobre los elementos de la historia que podrían no ser familiares para los lectores modernos. La tercera sección del libro trata de las representaciones de las antiguas culturas nórdicas en los medios populares modernos. Debido a que este último tema es demasiado amplio y complejo para poder explorarlo a fondo en este libro, me centraré en dos temas: los dragones en las obras de **J.R.R. Tolkien** y los conflictos entre el drama y la historia en la reciente miniserie de televisión, *Vikingos*, que a su vez está basada, en parte, en la *Saga de Ragnar Lodbrok* y en el *Relato de los hijos de Ragnar*. Y debido a que la *Saga de Ragnar Lodbrok* tiene importantes conexiones con otra saga islandesa, la *Saga de los volsungos*, en el apéndice se ofrece una sinopsis de un relato de los volsungos.

La época vikinga es un período histórico repleto de arte, poesía, literatura, comercio, exploración y batallas. La *Saga de Ragnar Lodbrok* es un producto de esa época y nos presenta una historia de los vikingos no solo como realmente pudieron haber sido, al menos en parte, sino también como querían ser vistos y recordados por las generaciones posteriores. Y todavía los recordamos, más de mil años después de que navegaran en busca de saqueo, comercio y nuevas tierras.

# Parte I: El mundo de Ragnar Lodbrok

## La vida en la Escandinavia medieval

*Las granjas y las viviendas*

Mientras que la imaginación moderna está llena de imágenes de vikingos con yelmos que saltan desde las largas naves con espadas, la vida escandinava medieval en realidad era bastante más prosaica para la mayoría de la población. La agricultura, la ganadería y la explotación de las fuentes de alimentos silvestres como la pesca, la caza y la recolección de bayas eran vitales para la supervivencia y se practicaban ampliamente en todas las tierras escandinavas, con ciertas variaciones según los climas locales. Los escandinavos medievales también eran artesanos que trabajaban el metal, la madera y el cuero. Aunque los comerciantes vikingos comerciaban en su mayoría bastante cerca de su hogar, las rutas comerciales escandinavas, de hecho, se extendían tan al sur como el Oriente Medio y tan al este como el río Dniéper, con más conexiones con la antigua Ruta de la Seda a través de puestos comerciales y ciudades al este y al sur de los territorios vikingos.

En las partes de Escandinavia que eran lo suficientemente cálidas y fértiles para la agricultura, los agricultores producían cultivos como cebada, centeno, legumbres, coles y lúpulos. Además, el cáñamo para hacer cuerdas y el lino para hilar y tejer telas de lino eran también productos agrícolas importantes.[i] Con respecto a la ganadería, criaban vacas y cabras para la leche y ovejas para la lana y carne. Los cerdos se criaban por su carne y las aves por sus plumas y huevos.[ii] La dieta proporcionada por los productos de la granja se complementaba con la pesca, la caza y la recolección de alimentos silvestres como bayas, nueces o hierbas.[iii]

Ya fuera en una granja solitaria o en un pueblo o ciudad, la típica vivienda vikinga era una casa larga con dos o más secciones. Uno de los extremos funcionaba como un corral para el ganado doméstico, donde su calor corporal ayudaba a mantener la casa caliente durante los largos y fríos inviernos escandinavos. En el otro extremo de la casa se encontraba el espacio utilizado para comer, dormir y las tareas que a menudo debían realizarse en el interior, como el hilado y el tejido. Los líderes podían tener habitaciones adicionales, incluida una sección que se utilizaba como la sala de ceremonias en la que se entretenían los invitados y los guerreros que luchaban por ellos.[iv] Estos grandes salones eran también los lugares en los que los escaldos recitaban sus poesías en alabanza al líder y donde se celebraban las fiestas relacionadas con los sacrificios religiosos.[v]

Las humildes granjas, los amplios salones de los líderes y todo tipo de viviendas tenían una estrecha fogata a lo largo de las partes del edificio usadas por las personas que vivían allí. El fuego daba luz, calor y fuego para cocinar, aunque también creaba humo que no se orientaba hacia el exterior por una chimenea; el único escape para el humo era un pequeño agujero en el techo.[vi]

Las ciudades, como el importante centro de comercio de Hedeby en la península de Jutlandia, también podrían tener talleres y almacenes además de las viviendas. Asimismo, la evidencia arqueológica de Hedeby muestra esfuerzos de la ingeniería civil en forma de calles pavimentadas de madera y revestimientos de madera para los pozos y el arroyo que corría por la ciudad, presumiblemente para evitar que las calles se convirtieran en barro y para ayudar a mantener el suministro de agua lo más limpio posible.[vii] Probablemente se pueda decir que Hedeby no fue la única comunidad que participó en proyectos como estos, que tenían como objetivo mejorar la calidad de vida de los residentes, pero uno se pregunta si ese tipo de esfuerzo también se hizo por las comunidades que vivían fuera de las ciudades más grandes y prósperas.

*Las familias y los roles de género*

La unidad familiar vikinga básica consistía en lo que llamamos la familia nuclear: un marido, una mujer y sus hijos. Sin embargo, muchas familias encajaban en una unidad familiar más grande, que podía incluir sirvientes, esclavos o ambos, además de la unidad familiar básica. En ocasiones, los hogares también incluían dos o más familias nucleares —más sirvientes o esclavos, si los había— que vivían juntas y trabajaban la misma tierra.[viii]

Los roles de género en la sociedad vikinga estaban fuertemente delimitados. Los hombres se ocupaban de las cosas de fuera de la casa, mientras que las mujeres se ocupaban de las cosas de dentro. En términos prácticos, esto significaba que las mujeres gestionaban el hogar, cuidaban de los niños y se encargaban de tareas como hilar y tejer, coser ropa, hornear pan, cocinar o conservar alimentos y elaborar cerveza. Las mujeres también se encargaban de recoger la leche, y de hacer queso y mantequilla.

Los hombres trabajaban la tierra, se dedicaban a la caza o la pesca y también participaban en los procedimientos judiciales y otros trabajos de liderazgo, que las mujeres tenían prohibido realizar.[ix] En las zonas donde la agricultura era difícil o imposible debido a las condiciones climáticas, el trabajo de los hombres se centraba en la cría de animales, la caza de mamíferos marinos u otros animales y la pesca, o una combinación de estas actividades.

Los hombres también eran los que luchaban y salían a las incursiones, pero los que tenían familias y granjas que atender generalmente se quedaban en casa; los crueles saqueadores vikingos con los que la gente moderna está familiarizada generalmente eran hombres más jóvenes y solteros que tenían poca o ninguna tierra propia y que se unían a los grupos de incursión en un intento de incrementar las fortunas que era poco probable que aumentaran con la herencia de la riqueza familiar.[x]

Dicho esto, hay algunas pruebas de la naturaleza aventurera de las mujeres vikingas, algunas de las cuales lucharon junto a los hombres y otras se embarcaron en viajes peligrosos, ya sea por su cuenta o con parientes masculinos. Gran parte de las pruebas de la existencia y los hechos de estas mujeres se encuentran en las sagas islandesas, incluida la *Saga de Ragnar Lodbrok*, en la que una guerrera, Ladgerda, desempeña un papel importante. Una versión diferente de la historia de Ladgerda también aparece junto a los cuentos sobre otras mujeres guerreras en la *Gesta Danorum* (también llamada *Historia Dánica*), una historia colosal de Dinamarca escrita en el siglo XII por el historiador danés Saxo Gramático.[xi]

Aunque es difícil separar los hechos de la ficción en las sagas e incluso en la historia cuidadosamente escrita de Saxo, la evidencia física de las mujeres vikingas como combatientes es bastante más fiable: un estudio arqueológico realizado en 2017 confirmó que un guerrero vikingo que fue enterrado en Birka, Suecia, fue en realidad una mujer.[xii] Además del esqueleto de la mujer, los autores del documento informan que la tumba contenía «una espada, un hacha, una lanza, flechas perforadoras de armaduras, un cuchillo de batalla, dos escudos y dos caballos, una yegua y un semental; por lo tanto, un equipo completo de un guerrero profesional».[xiii] Un examen de las proporciones del esqueleto y otros atributos sugirió fuertemente que la persona enterrada era una mujer y posteriormente las pruebas de ADN confirmaron el género femenino.[xiv]

No sabemos el nombre de la guerrera de Birka, pero una mujer aventurera de la literatura de la saga que aparentemente fue una verdadera figura histórica fue Aud la Sabia, la esposa del rey vikingo de Dublín, que vivió en el siglo IX. Cuando el marido de Aud murió en la batalla, ella juntó todas sus pertenencias y se mudó a Islandia con su hijo, donde ya vivían sus hermanos.[xv] Otra figura histórica fue Freydís Eiríksdóttir. Freydís era la hermana de Leif Erikson (también comúnmente llamado *Erikson*), el vikingo que navegó a lo que hoy es Terranova en Canadá en el siglo XI. La *Saga de los groenlandeses* cuenta la historia de la organización por parte de Freydís de una expedición a Terranova en su propio nombre, en algún momento después de que su hermano hubiera construido un pequeño asentamiento allí. Esta saga pinta a Freydís como una líder fuerte, despiadada y conspiradora que no se abstiene de asesinar a los que se interponen en su camino.[xvi]

Aunque algunas mujeres permanecían solteras y se ganaban la vida mediante el empleo, la mayoría de las mujeres se casaban.[xvii] La autora Kirsten Wolf señala que antes de la llegada del cristianismo, el matrimonio en la sociedad vikinga era principalmente un acuerdo comercial entre el hombre y la mujer, y casarse por amor no era algo muy conocido.[xviii] Las negociaciones para el matrimonio se llevaban a cabo entre el padre de la mujer y su pretendiente o la familia de su pretendiente, y ella tenía poca o ninguna opción al respecto. Sin embargo, la mujer podía solicitar el divorcio por su propia voluntad y tenía derecho a llevarse su dote (el dinero pagado por el padre de la mujer a la familia de su cónyuge al casarse) y sus bienes personales cuando dejaba el matrimonio. La mujer también tenía derecho a recibir el precio de la novia (el dinero pagado a su padre por la familia del novio) si resultaba que su marido era el culpable de la ruptura del matrimonio.[xix] Como señala Wolf, el cristianismo cambió radicalmente la actitud hacia el matrimonio y el divorcio al conceptuar el matrimonio como un sacramento entre los cónyuges que debía durar hasta que uno o ambos murieran, en lugar de un acuerdo de negocios que pudiera disolverse a voluntad si no era satisfactorio para alguna de las partes.[xx]

Para los hombres, mujeres y niños por igual, la vida en la Escandinavia medieval era difícil y llena de trabajo duro. Solo aquellos con un estatus social más alto podían escapar de al menos una parte del trabajo físico que la mayoría de los miembros de la sociedad tenían que realizar para mantenerse a sí mismos y a sus familias. La atención médica rudimentaria, la desnutrición crónica y la falta total de vacunas de cualquier tipo hacían que las enfermedades fueran angustiosamente comunes y a menudo mortales y que la vida fuera relativamente corta.[xxi] Cumplir 60 años era alcanzar una edad avanzada, según Anders Winroth.[xxii]

Las pruebas para las conclusiones de Winroth provienen del examen de los esqueletos de las tumbas de la época vikinga. La estatura de los adultos depende de la nutrición en la infancia y, como informa Winroth, los adultos vikingos eran a menudo bastante bajos para los estándares occidentales modernos. Los exámenes de los esqueletos vikingos daneses muestran que las mujeres en promedio medían apenas un poco más de cinco pies de altura (158 centímetros de promedio) y los hombres solo eran unas seis pulgadas más altos (171 centímetros de promedio). Además, muchos de los esqueletos muestran evidencias de enfermedad, deficiencia de hierro y huesos rotos.[xxiii] Sin embargo, el autor Neil Oliver presenta un panorama más optimista, afirmando que la altura media de los hombres era de unos 173 centímetros y la de las mujeres de unos 160 centímetros y que los dientes examinados de los entierros vikingos «sugieren que mucha gente disfrutaba de una dieta razonable».[xxiv] Dicho esto, tanto si se aceptan los datos de Winroth o de Oliver como más representativos para la salud de los escandinavos medievales, la vida de los vikingos debía de ser dura, no solo en términos de la guerra sino en términos de la mera supervivencia en unas condiciones que muchos modernos considerarían difíciles en el mejor de los casos y espantosas, en el peor.

### Los drakkars vikingos

A finales del siglo VIII, los escandinavos expandieron sus interacciones con el mundo exterior. A veces estas interacciones llegaban en forma de incursiones vikingas, pero más a menudo llegaban en forma de relaciones comerciales o colonización de nuevas tierras. Estas expansiones tuvieron efectos de gran alcance, hasta el punto de que el autor Anders Winroth observa que «el impacto general de los esfuerzos escandinavos fue, inesperadamente, estimular la economía de Europa occidental», que se había derrumbado a raíz de la caída de Roma y que todavía luchaba por recuperarse trescientos años más tarde.[xxv]

Una pieza de tecnología que les dio a los vikingos una ventaja en estas actividades fue el drakkar vikingo. Al vivir en zonas con largas costas y viajes relativamente cortos al mar desde la mayoría de los lugares del interior, los antiguos escandinavos desarrollaron rápidamente tecnologías de fabricación de barcos. Los grabados de la Edad de Bronce indican que los escandinavos ya habían sido pueblos marineros por más de dos mil años antes de que comenzara la época vikinga.[xxvi]

Las drakkar navegados por los vikingos se construyeron según el sistema de casco trincado, lo que significa que las tablas usadas para la construcción del entablado del casco se sobreponen unas a otras y luego se recubren con un sellante, generalmente alquitrán o aceite de grasa de foca, para evitar que se pudran. Los constructores de barcos vikingos también calafateaban los lugares donde los tablones se superponían con pelo animal para impermeabilizar los barcos.[xxvii]

Hoy en día, tendemos a tener la imagen de que los barcos vikingos tienen una vela cuadrada y muchos remos, pero eso fue un desarrollo posterior; los barcos anteriores no tenían ni mástil ni vela y en su lugar eran propulsados solo por remos.[xxviii] En los viajes por el interior a lo largo de los ríos, los barcos también se podían descargar, y tanto el barco como la carga se trasladaban cargando de un punto a otro a lo largo de tramos del río por los que no se podía navegar.[xxix]

Aunque el patrón básico de todos los barcos vikingos era el mismo, se podían ajustar en longitud y anchura para servir su propósito y para poder funcionar en las aguas en las que se utilizaban. Los barcos más anchos podrían utilizarse para el comercio porque podrían llevar más carga, y los barcos más ligeros y estrechos podrían utilizarse en los ríos. Pero cualquiera que fuera su propósito, para incursionar, comerciar o explorar, los barcos drakkar eran la pieza más importante de la tecnología vikinga y eran las herramientas que conectaban a los escandinavos medievales con el resto del mundo.

## Los vikingos en el extranjero

*Los vikingos como comerciantes*

Los vikingos, por supuesto, comerciaban entre ellos dentro de sus propios territorios, pero las rutas comerciales vikingas también recorrían la Europa occidental y central, extendiéndose hasta el Califato árabe en la Península Ibérica y en el Oriente Medio, Bizancio y hacia el este hasta lo que hoy es Ucrania, Bielorrusia y Rusia. Estas rutas comerciales recorrían las costas de Europa; atravesaban los mares Mediterráneo, Caspio y Negro; y atravesaban ríos navegables como el Rin, el Sena, el Dniéper y el Volga. Las partes más orientales de estas rutas comerciales daban acceso para los vikingos a las mercancías del Lejano Oriente y del Sudeste Asiático, que se transportaban a lo largo de la antigua Ruta de la Seda.

Los bienes exportados de Escandinavia incluían ámbar, madera, marfil de morsa y miel.[xxx] El mineral de hierro extraído de los pantanos tenía una gran demanda fuera de las tierras vikingas, así como las pieles, el esquisto para convertirlo en piedras de afilar y la piedra esteatita, que se convertía en recipientes para cocinar y comer.[xxxi] Los vikingos, a su vez, importaban seda, especias y joyas de Oriente, mientras que el vino, el vidrio, la cerámica y las armas provenían de Europa Occidental y Central.[xxxii] El comercio de esclavos también fue bastante activo en esta época, ya que los esclavos eran importados y exportados por los comerciantes vikingos.[xxxiii]

Una de las importaciones más valoradas por los vikingos era la plata. Esta a menudo llegaba a Escandinavia en forma de monedas árabes llamadas *dirhams*. Se ha excavado una y otra vez en lugares como Alemania y Suecia un tesoro que contenía cientos de dirhams. Estos tesoros son importantes no solo porque muestran a los pueblos de Europa Occidental en un activo comercio con los países árabes, sino también porque las monedas están fechadas y, por lo tanto, pueden darnos una idea de cuándo este comercio estuvo activo.[xxxiv] El autor Richard Hall señala que las monedas de los tesoros vikingos indican que «el comercio oriental comenzó en la década de 780, aumentó en la década de 860-880 y creció dramáticamente hasta alcanzar su máximo en la década de 940-950. A partir de entonces se produjo un descenso a medida que se agotaron las minas de plata de Asia central». Por supuesto, el aumento del número de monedas también se debe al aumento del comercio vikingo fuera de Escandinavia, así como al aumento de las incursiones vikingas.

Sin embargo, los vikingos no usaron estas u otras monedas como dinero. Tanto las monedas árabes como los objetos sagrados cristianos de oro y plata procedentes de las tesorerías de las iglesias a menudo se fundían o se intercambiaban por bienes o servicios en función del peso de cada objeto. Sabemos que los vikingos no veían los dirhams u otras monedas extranjeras como divisa, sino más bien como una fuente de metal en bruto, porque los tesoros vikingos a menudo contienen tanto monedas partidas como completas.[xxxv]

La expansión de las rutas comerciales de los vikingos no solo estimuló la economía, sino que también proporcionó medios de subsistencia a los productores de bienes y dio a los escandinavos acceso a artículos de lujo exóticos. El crecimiento del comercio fue también un estímulo para el crecimiento de las ciudades, que podían funcionar como centros de fabricación, recolección y distribución de manera mucho más eficiente que las pequeñas agrupaciones de granjas que habían sido las comunidades más comunes hasta el siglo VIII.[xxxvi]

Ya hemos hablado de algunas de las características de la ciudad de Hedeby en Jutlandia, que fue uno de los centros de comercio más importantes de la Escandinavia medieval. Lugares como Hedeby eran asentamientos permanentes que, además de viviendas, tenían múltiples embarcaderos para el atraque de barcos; además de los talleres y almacenes para la creación y el almacenamiento de mercancías. Aparte de estos poblados, también había pequeños centros de mercado que podían existir solo en ciertas épocas del año, donde los comerciantes se reunían para comprar, vender e intercambiar sus bienes.[xxxvii]

Kaupang en Noruega era uno de esos centros. Kaupang pudo haber sido originalmente una aldea, pero parece haberse convertido en un simple centro de mercado en el 850.[xxxviii] Richard Hall señala que la fabricación de abalorios era una de las artesanías que se realizaban en Kaupang, y también afirma que allí se han encontrado materiales para fabricar objetos fundidos como broches y materiales para hacer joyas.[xxxix] Kaupang también es una rica fuente de pruebas de los tipos de objetos que se importaban a las tierras vikingas desde otros lugares. Según Hall, entre estos objetos se encontraban:

> [...] vasos, jarras de cerámica y piedras de lava de la región Renania franca, [...] un penique anglosajón, [...] cerámica eslava y jutlandesa, y [...] abalorios [...] que pueden

proceder de lugares tan diversos como Irlanda, Ribe, Bizancio, la región del Mar Negro o el Mar Caspio y el Oriente Próximo y Medio.[xl][...]

Mientras que la Escandinavia medieval ciertamente no era un lugar cosmopolita, tampoco estaba aislada. Los vikingos se ocupaban de recolectar y fabricar artículos para comerciar y sus prácticas comerciales los conectaban con lugares y pueblos de toda Europa, Asia y Oriente Medio. Al igual que con las prácticas de la agricultura, la caza y la pesca; la fabricación de objetos artesanales y el comercio eran las ocupaciones de una parte importante de la población, una porción mucho mayor que la que se dedicaba a las incursiones que tan a menudo asociamos con la cultura vikinga.

*Las incursiones vikingas*

La primera incursión vikinga registrada pasó en Portland, Inglaterra, en 789. La siguiente incursión documentada, en el próspero monasterio de la isla de Lindisfarne en 793, fue aún más violenta que la que se produjo en Portland. Los anales ingleses medievales como la *Crónica Anglosajona* registran el terror y la conmoción engendrados por la incursión de Lindisfarne, en la que muchos de los monjes fueron asesinados, otros tomados como esclavos y el tesoro del monasterio vaciado de su oro, plata, vestimentas de seda y otros objetos de valor.[xli] El saqueo de Lindisfarne fue seguido en 795 por otra incursión en el monasterio, esta vez en Iona, en las islas Hébridas interiores, cerca de la costa escocesa.[xlii] Estas tres incursiones marcan el inicio de la época vikinga.

Inglaterra no era el único objetivo de las incursiones vikingas. El Imperio franco también prometía ricas ganancias y para mediados del siglo IX, los vikingos habían hecho varias incursiones en el territorio franco además de continuar sus ataques en el territorio inglés. En 845, los vikingos navegaron por el Sena y atacaron París.

Esta incursión fue liderada por un hombre aparentemente llamado Ragnar, que puede o no haber sido Lodbrok, el de la saga.[xliii] (Vamos a explorar la identidad de Ragnar con más detalle en un capítulo posterior.) Una nueva expansión a los territorios considerados propicios para el saqueo ocurrió en 859, cuando Björn Costado de Hierro, que probablemente era un personaje histórico real y se decía que era el hijo de Ragnar, realizó una incursión en España. Björn más adelante realizó una incursión en Luni, en la costa italiana de Liguria, al año siguiente.[xliv]

La sed de riquezas y el deseo de probarse a sí mismos en la batalla fueron sin duda parte de la motivación de los hombres vikingos para tomar un barco y navegar por el mar para saquear ciudades y pueblos, pero esto es solo una muy pequeña parte del cuadro. Varios factores culturales, sociales y políticos también entraron en juego, lo que hizo de la Escandinavia del siglo IX una plataforma de lanzamiento que facilitaba el ataque a otros territorios. Uno de estos factores fue sin duda la cultura guerrera vikinga, que apreciaba y recompensaba enormemente el valor y la habilidad militar. Sin embargo, fue la estructura política de la primera parte de la época vikinga la que unió a estos guerreros y creó un marco en el que podían prosperar con sus incursiones.

Antes del siglo X, la unidad política básica en la gran parte de Escandinavia era el caciquismo, que se podía transmitir de padre a hijo, pero la sucesión al caciquismo era de hecho mucho más fluida. La ley y la tradición vikinga permitían la herencia tanto por parte de la madre como por parte del padre y, tal como observa el autor John Haywood, «cualquier hombre que tuviera sangre real era apto para el reinado. La ilegitimidad no era un impedimento».

Aunque una línea de descendencia distinguida se consideraba ciertamente meritoria cuando se presentaba como candidato al liderazgo, el linaje de uno no era en absoluto la única consideración; muchos otros factores contribuían a que un hombre pudiera llegar a ser jefe, y esos factores también determinaban si podía mantener esa posición y por cuánto tiempo. El jefe era aceptado como líder, pero la relación jerárquica se detenía allí. Para los guerreros bajo su mando, el jefe era el primero entre iguales, no superior a ellos. Anders Winroth afirma que los guerreros vikingos «no eran unos simples mercenarios que luchaban por el dinero; eran guerreros independientes y orgullosos que luchaban junto a aquellos a los que estaban vinculados en honorables relaciones de amistad».[xlv]

Para mantener la fe en sus guerreros, se esperaba que el jefe fuera generoso en la distribución del botín y de otros regalos, así como en la celebración de fiestas y bebidas a las que los guerreros serían invitados y en las que los escaldos, o poetas, interpretarían canciones y poemas alabando las hazañas del jefe y de sus guerreros.[xlvi] Según cuenta Winroth, los regalos del jefe a sus guerreros no eran simplemente el pago por los servicios prestados, sino más bien el cumplimiento de una obligación mutua, la otra parte de la cual era el servicio militar del guerrero al mando del jefe.[xlvii]

El tamaño de los grupos de incursión vikingos sin duda variaba según el número y el tamaño de los barcos y el número de hombres armados disponibles. Neil Oliver estima que un tipo de barco largo, el drakkar o el «barco dragón», llamado así por las cabezas de dragón talladas en la proa y la popa levantadas, podría haber tenido «hasta 120 pies (unos 36,6 metros) de largo y ser capaz de llevar quizás a unos 80 hombres armados a la vez». Richard Hall describe un barco excavado en Hedeby de esta manera: «fue construido en el año 985 y tenía 30,9 m (101 pies) de largo y probablemente llevaba a unos 60 remeros».[xlviii] Sin embargo, Anders Winroth estima que los barcos más pequeños eran los más utilizados. Winroth describe una embarcación excavada en Dinamarca, llamada Skuldelev 5, que tenía «un poco más de dieciocho metros de largo y un espacio para trece pares de remos».

Los grupos de incursión podrían incluir solo unos pocos barcos, pero algunos ejércitos vikingos podrían reunir cien o más barcos, dependiendo del objetivo de la incursión. Un ataque, en Canterbury y en el puerto de Londres en 851, fue supuestamente realizado por 350 barcos.[xlix] No tenemos ninguna información sobre el número de hombres transportados en estos barcos, pero si estimamos que cada barco transportaba 40 hombres, el saqueo de Canterbury habría sido realizado por unos 14 000 hombres. Si estos barcos fueran del tipo más grande descrito por Oliver, ese número podría haber sido el doble. Los guerreros vikingos eran audaces, despiadados y habían sido entrenados desde pequeños para manejar armas, así que no sorprende que el avistamiento de velas vikingas en el horizonte o de naves largas remando por el río sembrara el terror en los corazones de la gente que tuvo la desgracia de ser el objetivo de las incursiones vikingas.

*Exploración y colonización*

La incursión fue solo una de las razones por las que los vikingos navegaron a otras tierras. Los vikingos también hicieron intentos de colonización, algunos exitosos, otros no, y algunos de estos intentos también abarcaron la exploración de nuevas tierras más allá de los límites de la Escandinavia medieval. Islandia fue colonizada por primera vez por vikingos en el siglo IX, mientras que las colonias escandinavas a lo largo del río Volkhov —donde a los vikingos se les conocía como «Rus»— florecieron durante la época vikinga. Los estudiantes de hoy en día aprenden sobre las hazañas de Leif Erikson, quien trató de establecerse en lo que hoy es Terranova, en Canadá. Otra incursión vikinga, esta vez en Inglaterra en el año 865, se realizó no con el objetivo de saquear y luego regresar a casa, sino de establecer una colonia danesa permanente en suelo inglés.

Los vikingos que deseaban colonizar Inglaterra eran conocidos como el «Gran ejército» o a veces como el «Gran ejército pagano», el cual estaba dirigido por hombres llamados Ivar, Halfdan y Ubbe. Se suele pensar que Ivar era el hijo de Ragnar, Ivar el Deshuesado, y Ubbe es nombrado como uno de los hijos de Ragnar en la *Gesta Danorum* de Saxo (las identidades de la descendencia de Ragnar se discuten con más detalle en un capítulo posterior). Neil Oliver afirma que este ejército de vikingos ascendía a unos tres mil y que tuvo una presencia continua en los territorios anglosajones durante unos treinta años.[1]

En el año 878, después de que los vikingos hubieran luchado y saqueado una gran extensión del territorio inglés, el rey Alfredo de Inglaterra pudo finalmente derrotar a una parte del Gran Ejército y hacer un tratado de paz con ellos. El tratado cedió a los vikingos una gran cantidad de tierras que llegaron a conocerse como el «Danelaw» (literalmente: *[Tierra] bajo ley danesa*), ya que estas tierras estaban gobernadas bajo la ley escandinava, no la inglesa. Los límites del Danelaw se extendieron hacia el norte desde el Támesis hasta la frontera con Northumbria y Strathclyde, y hacia el oeste y el este para ocupar una buena parte del centro y el este de Inglaterra. Podemos ver un legado del Danelaw en muchos topónimos ingleses. Los sufijos *-by, -thorp* (o *-thorpe*) y *-thwaite* que aparecen en nombres como *Whitby* (*granja blanca*), *Scunthorpe* (*granja periférica que pertenece a Skuma*) y *Bassenthwaite* (*pradera que pertenece a la familia Bastun*) son todos de origen nórdico.

Mientras que el Danelaw se creó para frenar la violencia de un ejército vikingo invasor, los asentamientos escandinavos que se fundaron a lo largo del río Vólkhov parecen haber sido una consecuencia del comercio vikingo con los pueblos de esa región. Las excavaciones arqueológicas en los asentamientos de Stáraya Ládoga y Nóvgorod han aportado una gran cantidad de información sobre estas colonias, cuyos habitantes vikingos eran conocidos como «Rus», la palabra que le da el nombre a Rusia.

Stáraya Ládoga parece haberse fundado en algún momento del siglo VIII, inicialmente como un centro de mercado. Las excavaciones allí han encontrado objetos como un juego completo de herramientas de herrería, una gran cantidad de abalorios de vidrio y monedas de dirham.[lii] La organización de los entierros y lugares de enterramiento también muestra que la población escandinava vivía codo con codo con los eslavos que eran nativos de la zona. Los tipos de tumbas, los métodos de enterramiento y la creación de cementerios escandinavos y eslavos por separado son testimonios de la forma en la que estos dos pueblos vivieron juntos hace más de mil años.[liii]

Nóvgorod es un asentamiento algo más tardío que Stáraya Ládoga y fue fundado a mediados del siglo X. El Nóvgorod medieval también está sorprendentemente bien conservado; muchos de los edificios que formaban esta ciudad medieval se han desenterrado en relativamente buen estado y están formados por una mezcla de viviendas y talleres. Los objetos excavados incluyen broches, amuletos, muebles, ropa, espadas de juguete hechas de madera y, quizás lo más importante, cartas escritas en corteza de abedul, que demuestran que esta era una población alfabetizada.

En los asentamientos vikingos a lo largo de Vólkhov y en el Danelaw, la población de inmigrantes escandinavos se fue fusionando gradualmente con los locales. Sin embargo, el asentamiento de Islandia era una situación completamente diferente, ya que, en la época de los asentamientos escandinavos originales, Islandia estaba totalmente despoblada.

Los escandinavos comenzaron a colonizar Islandia a finales del siglo IX. Una historia de Islandia escrita en el segundo cuarto del siglo XII por el islandés Ari Thorgilsson sitúa el inicio de la colonización alrededor del año 870. El examen de las muestras del núcleo de hielo tomadas de los glaciares de Islandia parece corroborar esta fecha, aunque existe cierta controversia sobre la exactitud del método de datación utilizado, que se basa en las señales químicas de los flujos de lava.[liii] Richard Hall estima que para el año 1095 pudo haber entre 40.000 y 100.000 personas viviendo en Islandia, cifra que se basa en un censo realizado a las personas que tenían derecho a asistir al Althing, la asamblea nacional de Islandia, en dicho año. Hall indica que en el censo de 1095 se enumeraron 4560 «agricultores propietarios de tierras libres» como base de la población total estimada.[liv] Hall no proporciona el método utilizado para su estimación, pero se puede suponer que se basa en algún tipo de proporción conocida de propietarios de tierras con respecto a los que no las poseen.

Las expediciones vikingas a lo que hoy es Canadá no tuvieron la suerte que habían tenido muchos asentamientos en otros lugares. El lugar que los vikingos llamaron «Vinland», por su supuesta riqueza en viñedos, se visitó por primera vez por los vikingos como resultado de un accidente. Un hombre llamado Bjarni Herjólfsson estaba navegando desde Islandia a Groenlandia en el año 986 cuando se salió de su ruta y avistó a la tierra que hoy llamamos Labrador. Sin embargo, Bjarni no desembarcó allí, sino que dio la vuelta y navegó a salvo hasta Islandia.[lv]

El relato de la aventura de Bjarni llamó la atención de Leif Erikson, el hijo de Erik el Rojo, que fundó la desafortunada colonia vikinga en el sur de Groenlandia. Erikson adquirió el barco de Bjarni, reunió una tripulación y navegó hacia el oeste. Leif navegó a lo largo de la costa de esta nueva tierra hasta que encontró un lugar adecuado para un campamento, donde él y su tripulación construyeron refugios. Leif llamó a su asentamiento *Leifsbuthir*.[lvi]

Aunque hubo varios intentos por parte de los hermanos y la hermana de Leif de establecer la colonia y poblar el lugar, nunca se logró nada de esos esfuerzos. Las sagas existentes, que se escribieron siglos después del evento, hablan de las dificultades con los pueblos indígenas que los colonos vikingos llamaron *skraelings*. Con el tiempo, los vikingos renunciaron a su asentamiento en esta nueva tierra. Pasarían varios cientos de años antes de que otros colonos blancos fueran allí en busca de zonas de pesca, madera u otros recursos.

Durante mucho tiempo, muchos historiadores modernos dudaron de la veracidad de la historia de Vinland. Sin embargo, la arqueóloga noruega Anne Stine Ingstad trabajó en excavaciones durante la mayor parte de la década de 1960 y descubrió pruebas innegables de la presencia vikinga en un lugar llamado L'Anse aux Meadows en Terranova. Se supone que aquel asentamiento es lo que queda de Leifsbuthir.[lvii]

Tanto si actuaban como comerciantes a lo largo de los ríos o por tierra, como si eran incursores que saqueaban las costas extranjeras o exploradores en busca de nuevas tierras, los vikingos tenían una presencia vital en una parte importante de Europa, Asia y el Oriente Medio. Los escandinavos medievales llevaron el terror a los lugares que saqueaban y el comercio a los lugares donde comerciaban. Es imposible imaginar la Edad Media sin los vikingos, cuya cultura e historia son un testamento de las formas en las que el mundo siempre ha estado conectado, siglos antes de nuestros actuales modos de comunicación instantánea.

## Artes verbales vikingas

*Las sagas islandesas y las fuentes de la* Saga de Ragnar Lodbrok

La palabra *saga* ha entrado en el léxico moderno como un término que evoca imágenes de grandes viajes, heroísmo, batallas épicas, fantasía y a menudo un sentido de lo antiguo, incluso si la historia en sí no está ambientada en un pasado real. Sin embargo, esta es una definición más moderna. *Saga*, una palabra islandesa, significaba originalmente simplemente *cuento*, *historia* o *mito*, y se utilizó por primera vez en inglés como un término genérico para describir los escritos de prosa escandinava en el siglo XVIII. La definición con la que estamos familiarizados hoy en día es el resultado de las expansiones de significado adoptadas durante los siglos XIX y XX, pero que realmente tiene su base en el tipo de historias y personajes que contienen las sagas islandesas.

El conjunto original de sagas islandesas comenzó a compilarse en el siglo XII después de que los misioneros introdujeran la escritura como parte de la cristianización de Escandinavia, mientras que anteriormente las sagas se habían transmitido de forma oral. Los estudiosos modernos han dividido las sagas en varios géneros según el contenido de las historias. En su traducción de la *Saga de Lodbrok*, el autor Ben Waggoner señala que estos géneros raramente son completamente inamovibles: las sagas de un tipo a menudo contienen elementos que son característicos de otro.[lviii]

Hay tres tipos principales de sagas: las sagas de los islandeses, que son relatos más o menos históricos sobre los colonos que poblaron Islandia por primera vez en la Edad Media; las sagas de los reyes, que son historias históricas y pseudohistóricas sobre los reyes escandinavos; y las *Fornaldarsögur*, término que Waggoner traduce como «las sagas de de los tiempos antiguos», pero que se conocen más comúnmente como las sagas legendarias. Estas sagas legendarias abarcan mitos y leyendas heroicas de origen germánico.[lix] Waggoner señala que la Saga de Ragnar Lodbrok es una de las que desafía la clasificación genérica, ya que la historia de Lodbrok combina elementos tanto de las sagas de los reyes como de las sagas legendarias.[lx] Esto se debe a que Lodbrok se representa como un rey en un cuento pseudohistórico que incluye elementos de fantasía como el asesinato de dragones y vacas encantadas, y también porque parte de la *Saga de Lodbrok* se basa directamente en una de las sagas legendarias más importantes, la *Saga de los volsungos*, de la que se habla con más detalle a continuación. (El apéndice A contiene una sinopsis de la *Saga de los volsungos*).

Una cuarta fuente importante de mitos y poesías medievales escandinavas es el par de compilaciones conocidas como la *Edda prosaica* (o la *menor*) y la *Edda poética* (o la *mayor*), que fueron escritas por el historiador islandés Snorri Sturluson a principios del siglo XIII. La *Edda poética* es una colección de mitos nórdicos en forma poética, mientras que la *Edda prosaica* es un manual para la composición poética. La *Edda prosaica* fue el intento de Sturluson de capturar y describir la estructura y los entresijos de la antigua poesía nórdica conocida como poesía escáldica. Al igual que la

*Edda poética*, la *Edda prosaica* también contiene muchos mitos nórdicos.

La *Saga de Ragnar Lodbrok* se conserva en múltiples fuentes manuscritas, algunas de las cuales son más completas que otras. Waggoner afirma que la versión más completa de la saga se encuentra en un manuscrito compilado alrededor del año 1400, que ahora se encuentra en la Biblioteca Real Danesa de Copenhague y que presenta la *Saga de Ragnar Lodbrok* como una continuación directa de la *Saga de los volsungos*.[lxi] Waggoner señala que otro manuscrito de la Biblioteca Real Danesa conserva una versión ligeramente diferente de la historia de Ragnar, pero desafortunadamente ese manuscrito no está completo.[lxii]

Junto con la saga de Ragnar, está el *Relato de los hijos de Ragnar*, que cuenta las hazañas y aventuras de la prole de Ragnar después de la muerte de su padre a manos del rey Aelle de Northumbria. La fuente principal de esta parte de la historia es el llamado *Hauksbók*, un manuscrito compilado a principios del siglo XIV por el islandés Haukr Erlendsson. El *Relato de los hijos de Ragnar*, que pudo haber sido escrito por el mismo Erlendsson, es solo uno de los muchos elementos de este manuscrito, que según Waggoner también contiene «escritos cristianos, obras históricas y textos matemáticos».

La última fuente principal de la historia de Ragnar es el *Krákumál*, un poema anónimo de 29 estrofas escrito en el siglo XII, probablemente en algún lugar de las islas escocesas.[lxiii] *Krákumál* contiene la canción de la muerte de Ragnar, que Ragnar canta en un pozo lleno de serpientes venenosas, donde muere por orden del rey Aelle. El *Krákumál* está compuesto en háttlausa, un tipo de métrica de la poesía escáldica que emplea la aliteración habitual en la poesía germánica y escandinava de este período, pero evita la rima interna del dróttkvaett, o «métrica corta», más formal, sobre la que se habla más abajo.[lxiv] Cada estrofa del *Krákumál* comienza con un estribillo (*Los cortamos con nuestras espadas*) y luego pasa a describir las hazañas de Ragnar en las batallas con varios reyes y nobles en varios lugares lejanos, la mayoría de las cuales no se mencionan ni en el texto de la saga propiamente dicha ni en el *Relato de los hijos de Ragnar*.

Otras dos fuentes auxiliares para la historia de Ragnar son un fragmento de una saga islandesa sobre los reyes suecos y daneses y una copia del siglo XVI de parte de la ahora perdida *Saga Skjöldunga* (*Skjöldungasaga*), un cuento sobre la dinastía danesa de los Skjöldung. Los Skjöldung también aparecen en el cuento anglosajón *Beowulf*; el amigo de Beowulf, Hrothgar, es miembro de esta dinastía. Waggoner afirma que un fragmento de la saga de Ragnar que tiene que ver con los reyes cuenta la historia de los antepasados de Ragnar, mientras que la *Saga Skjöldunga* contiene material que también aparece en el *Relato de los hijos de Ragnar*.[lxv]

Una última fuente no es ni una saga islandesa ni un viejo poema nórdico, sino una obra histórica en latín, la *Gesta Danorum* (también llamada *Historia Dánica*), escrita por el historiador medieval danés Saxo Gramático (c. 1160-c. 1220). Esta monumental obra, compuesta por una serie de nueve libros, es una historia de Dinamarca desde la antigüedad hasta el siglo XII. Contiene una narración de la vida y las hazañas de Ragnar, aunque, así como con en una saga, también es difícil desenredar los hechos de la ficción en la historia de Saxo.

Algunos elementos se comparten entre la saga y la *Gesta Danorum*, tales como el incidente de la matanza del dragón y el origen del apodo *Lodbrok*, pero hay variaciones significativas entre estas dos versiones sobre la vida y las hazañas de Ragnar Lodbrok.[lxvi] Algunos detalles como los nombres y el número de los hijos de Ragnar son diferentes en el relato de Saxo, y algunos aspectos de la trama y la acción en la obra de *Gesta Danorum* no son los mismos que en la saga en sí. Por ejemplo, Saxo relata las batallas entre Ragnar y Karl (presumiblemente Carlos el Calvo de Francia, que reinó de 843 a 877), así como la conquista de Ragnar del Hellespont. Ninguna de estas acciones aparece en la saga en sí.[lxvii]

La saga de Ragnar participa tanto en la fluidez de una tradición oral, en la que los fragmentos de una historia pueden variar de una transmisión a otra, como en el impulso muy humano de basar una historia, por muy fantástica que sea, en un mundo con cualidades familiares para los lectores y oyentes. También muestra el impulso por conectar a la gente con el pasado, ya sea real o imaginario, en un esfuerzo por entender cómo las cosas llegaron a ser como son.

*Poesía escáldica*

La reputación y la fama eran de una vital importancia para los vikingos y, en particular, para los jefes y reyes vikingos. En una época anterior a la llegada de la escritura, una forma de difundir las hazañas de uno era contratar a un escaldo, o un poeta de la corte, para crear canciones que detallaran lo que uno había logrado.

La poesía escáldica se originó como una forma de arte oral, pero después de la llegada del cristianismo, comenzó a preservarse por escrito. Los poemas escáldicos existentes se atribuyen a menudo a determinados poetas y, en cierta medida, pueden utilizarse como fuentes históricas, ya que implican descripciones de acontecimientos contemporáneos y elogios a dignatarios contemporáneos.[lxviii] Estas características distinguen la poesía escáldica de la encontrada en las eddas. La poesía de las eddas, a diferencia de la escáldica, suele ser anónima y trata de las hazañas de los héroes del pasado o de temas mitológicos.[lxix]

La forma más común usada para la poesía escáldica es el *dróttkvaett*, o la «métrica corta». Es una forma compleja con reglas estrictas sobre la longitud de las líneas, la tensión de las sílabas, la aliteración y la rima. Cada estrofa de un poema en métrica corta tiene ocho líneas, que se componen como cuatro conjuntos de pares de AB. Cada línea debe tener seis sílabas, tres de las cuales deben ser acentuadas y tres sin acentuar. La última sílaba de cada línea debe ser una sílaba sin acentuar. La línea a debe tener dos sílabas aliteradas, y la siguiente línea B debe usar esa misma aliteración en una sílaba. Cada línea también tiene que tener rimas internas.

Además de las estructuras poéticas formales, la poesía escáldica empleó una capa adicional de complejidad en forma de kennings. Un kenning es una forma indirecta de referirse a una persona u objeto y tiene dos partes: la palabra base y el determinante. En su libro sobre la vida vikinga, la autora Kirsten Wolf presenta el ejemplo del *caballo de surf* como un kenning para *barco*, donde *caballo* es la palabra base para nombrar el objeto, y *surf* es el determinante que califica la palabra base.[lx] El *caballo del surf* es un kenning relativamente simple y directo; a menudo los kenning eran significativamente más abstrusos.

Los kennings se utilizaban no solo para hacer los poemas más complejos y, por lo tanto, más interesantes, sino también para ayudar a los escaldos a cumplir las reglas del compás creando sílabas adicionales con sus correspondientes tensiones, vocales para la rima y sonidos iniciales para la aliteración.[lxi] También fueron un medio por el cual los escaldos podían mostrar su creatividad y habilidad con las palabras, ya que tenían que inventar circunloquios para palabras que de otra manera serían ordinarias, además de hacer encajar todo dentro de las restricciones impuestas por la métrica. Puesto que este tipo de poesía se componía y transmitía originalmente de manera no escrita, se necesitaba mucho esfuerzo y práctica, así como una memoria prodigiosa, para ser un escaldo.

La poesía escáldica desempeña un papel importante en la *Saga de Ragnar Lodbrok*. En algunos lugares, Ragnar habla en verso escáldico, al igual que Aslaug, la tercera esposa de Ragnar. Cada verso es un ejemplo de un discurso elevado, donde la situación requiere algo más que un mero diálogo. El primero de ellos es cuando Ragnar mata al dragón que ha mantenido cautiva a la joven noble Thora. Después de que el dragón muere, Thora pregunta el nombre de su salvador y Ragnar responde con un verso que da pistas sobre su identidad, pero no revela su nombre. Otros intercambios escáldicos tienen lugar durante el cortejo por parte de Ragnar a Aslaug. Cuando Aslaug llega a los barcos de Ragnar habiendo cumplido las condiciones del enigma que Ragnar le plantea, anuncia su presencia en verso. Al final de este primer encuentro, Ragnar usa versos escáldicos para ofrecerle a Aslaug una de las camisas de su primera esposa como regalo. Aslaug rechaza el regalo, lo que también hace en verso escáldico.

Estas expresiones poéticas tienen dos propósitos principales. Uno de ellos es una especie de solemnización del momento, porque los personajes rompen los patrones normales del habla y utilizan un lenguaje poético muy estructurado para transmitir lo que quieren decir. El otro es una revelación del estatus social: cuando Ragnar responde a la pregunta de Thora sobre su nombre mediante el uso de la poesía y cuando Aslaug utiliza la poesía para dirigirse a Ragnar más tarde en la saga, tanto Ragnar como Aslaug indican que son de un estatus social alto porque son capaces de construir y pronunciar espontáneamente versos escáldicos, una forma de la poesía asociada a las cortes nobles y reales.

El hecho de que Ragnar hable en verso escáldico en la escena de la matanza del dragón es importante porque le hace saber a Thora que, a pesar de su extraña vestimenta, su salvador es su misma clase social y por tanto será posible para Thora casarse con él sin vergüenza. Una condición similar se encuentra en los intercambios entre Aslaug y Ragnar, donde el uso de los versos escáldicos por parte de Ragnar indica su estatus de rey y anuncia su inteligencia como una cualidad que una mujer podría querer en un marido. El uso del verso de Aslaug también revela algo de su identidad al mostrar que, aunque parezca ser una hija de campesinos, es, de hecho, de un linaje mucho más noble y digna de ser la esposa de Ragnar y la reina de su pueblo. Thora, por el contrario, no necesita hablar en el verso escáldico porque su posición social y su linaje nunca se ocultan ni se cuestionan. Lo mismo ocurre con Ladgerda, la primera esposa de Ragnar, que es reina y guerrera por derecho propio.

Tal y como lo vimos antes, una de las fuentes de la historia de Ragnar es el *Krákumál*. Evidentemente los fragmentos de poesía salpicados en la saga propiamente dicha no fueron suficientes para la persona que compuso el relato; se vieron obligados a poner en boca de Ragnar un poema entero y extenso que detallaba sus hazañas, llegando incluso a añadir aventuras de las que la saga no da testimonio. En un sentido, entonces, el Krákumál podría ser visto como una forma temprana y poética de ficción.

Aunque no es aconsejable considerar la poesía escáldica o las sagas como fuentes históricas, ellas nos proporcionan algunas perlas de la historia real. Sin embargo, su verdadero valor no es el de ser testigos de eventos históricos sino más bien el de la visión del mundo de las personas que crearon y compilaron estas historias. A través de las sagas y de la poesía escáldica, aprendemos qué cualidades humanas eran las más apreciadas por las personas que las crearon, cómo se veían y valoraban las prácticas culturales y sociales, y la habilidad y amplitud de la imaginación de sus creadores.

## ¿Quién fue Ragnar Lodbrok?

Al igual que el rey Arturo y Robin Hood, Ragnar Lodbrok pudo haber sido una persona real y haber realizado algunas de las acciones que se le atribuyen en las sagas y fuentes relacionadas como el *Krákumál*, y en las crónicas medievales que registran las actividades vikingas. Sin embargo, como en el caso del rey Arturo y Robin Hood, no siempre es fácil separar la verdad de la ficción con respecto a Ragnar Lodbrok. La matanza de dragones obviamente cae en el lado ficticio de las cosas, pero las incursiones vikingas en Inglaterra, Noruega y Francia, y las batallas con los reyes suecos son históricamente plausibles, independientemente de si realmente ocurrieron tal y como se describen en la saga.

Una parte del problema es que las fuentes que pretenden ser historias verdaderas se escribieron siglos después de la supuesta vida de Lodbrok, y otra parte es la dificultad de averiguar si el «Ragnar» nombrado en una crónica medieval particular es el Ragnar Lodbrok «verdadero» (en el supuesto caso de que tal persona haya existido alguna vez) o si se trata de otra persona con el mismo nombre. Las crónicas francas mencionan a un «Reginheri», que saqueó París en 845, y a un «Reginarius», que recibió tierras y un monasterio de Carlos el Calvo en 840, mientras que un rey nórdico llamado «Ragnall» se menciona en las crónicas irlandesas como si hubiera invadido Irlanda en 851. Debido a la escasez de fuentes y pruebas que lo corroboren, es imposible decir si alguno o todos estos hombres eran Ragnar Lodbrok. También es posible que Reginheri, Reginarius y Ragnall fueran todos individuos diferentes y que ninguno de ellos fuera el Lodbrok en cuestión.

La evidencia de la existencia de los hijos de Lodbrok es un poco menos dudosa que la del propio Lodbrok. Björn Costado de Hierro parece haber sido un personaje histórico real y Sigurd Serpiente en el Ojo también también parece haberlo sido, aunque si realmente fueron los hijos del legendario Ragnar Lodbrok es una pregunta sin respuesta. A Ivar el Deshuesado y a su hermano Ubbe (mencionados en la *Gesta Danorum* de Saxo Gramático, pero no en la saga) se les atribuye el haber dirigido un ejército vikingo que invadió Inglaterra en el año 878 en una copia manuscrita de la *Crónica anglosajona* de finales del siglo IX.[lxxii] Según el autor R. Bartlett, Abón de Fleury, que escribió alrededor del año 986, nombra a Ivar y a Ubbe como los asesinos del rey Edmund (más tarde San Edmundo Mártir).[lxxiii] Los nombres de Ivar y Ubbe también aparecen en un conjunto de otras historias medievales posteriores de Inglaterra, cuyos autores les atribuyen otras depredaciones como la destrucción de Ely.[lxxiv]

Puede que nunca sepamos si algunas de estas personas existieron realmente, ni tampoco podemos saber cuál fue su relación precisa, si es que la hubo, con el supuesto Lodbrok. Sin embargo, sabemos que el linaje era de vital importancia en la sociedad escandinava medieval y que poder proclamar la descendencia de un personaje famoso o incluso de un ser divino otorgaba estatus. Al menos uno de los compiladores de la saga de Ragnar intentó elevar el estatus del propio Ragnar y por lo tanto el de sus hijos, por medio de la relación de Ragnar con los volsungos, una de las familias más importantes en los mitos y leyendas medievales escandinavos. La historia de esta familia se cuenta en la *Saga de los volsungos*, que es un cuento de dragones, oro maldito, triángulos amorosos, batallas y magia que inspiró la imaginación medieval y más tarde también a los creadores más modernos, como al compositor de ópera Richard Wagner o al autor J. R. R. Tolkien. La versión de la leyenda de Ragnar mencionada anteriormente no es un complemento a la *Saga de los volsungos*, sino más bien una ramificación directa de la misma. La leyenda se retoma en el punto en el que la historia del volsungo Sigfrido y de su amada valquiria Brunilda se termina. Empieza con la huida de Heimir, el padre adoptivo de Brunilda, y de la niña Aslaug tras la muerte de Sigfrido y Brunilda, que son los padres de Aslaug y dos de los personajes más importantes de la *Saga de los volsungos*. Ragnar finalmente toma a Aslaug como su tercera esposa, inicialmente sin saber que ella es la hija de Sigfrido y Brunilda, ya que cuando Ragnar la conoce, ella vive con campesinos y se hace llamar Kraka. No es hasta mucho más tarde en la saga de Ragnar, que Aslaug revela su verdadero linaje y lo prueba diciendo que su próximo hijo será un niño con una serpiente en el ojo en honor a su abuelo materno, que mató al dragón Fafner. La profecía de Aslaug se hace realidad y al niño se le llama Sigurd Serpiente en el Ojo.

El hecho de que Ragnar y sus hijos con Kraka o Aslaug (Björn, Ivar, Sigurd y Hvitserk) quisieran reivindicar la conexión con el héroe Sigfrido y su amante Brunilda también se debía a que tener un vínculo familiar directo con ellos significaba ser familia del mismísimo Odín el Padre. Volsung, que era el fundador del clan de los volsungos, era el abuelo de Kraka o Aslaug, mientras que Odín, a su vez, era el bisabuelo de Volsung. ¿Qué mayor legitimidad se puede reclamar que la de descender o casarse con la familia del dios más poderoso del panteón nórdico?

A pesar de la historicidad real de Ragnar, su personaje tuvo una importante influencia en la cultura y la sociedad escandinavas. Afirmar tener a alguien como Ragnar Lodbrok como antepasado transmitía una cierta cantidad de prestigio y legitimidad personal que uno podía utilizar en su beneficio. En la introducción de su traducción de la saga de Ragnar, el autor Ben Waggoner da el ejemplo de Snorri Sturluson, el compilador del siglo XII de las eddas islandesas, que podría reivindicar su descendencia de Björn Costado de Hierro.[xxv] El autor Jackson Crawford, en su traducción de la saga, afirma que Harald Cabellera Hermosa (d. c. 930 ce), el primer rey del reino unido de Noruega, afirmaba que Sigurd Serpiente en el Ojo era su abuelo.

Este tipo de reivindicaciones no murieron con la Edad Media: se seguían haciendo en épocas más modernas, también con el objetivo de establecer una legitimidad política y social. En el año 1879, el autor Albert Welles publicó una genealogía del presidente americano George Washington, afirmando que Washington era descendiente de un hombre llamado Odín, quien según Welles asumió el nombre de esa deidad más tarde en su vida.[xxvi] La genealogía de Welles, por supuesto, incluye a Ragnar Lodbrok y a sus hijos entre los antepasados de Washington a través de Thorfinn el Danés que, según Welles, emigró a Inglaterra desde Dinamarca a principios del siglo XI y se estableció en Yorkshire, que entonces formaba parte del Danelaw. Por supuesto, la exactitud de la genealogía de Welles es sospechosa, al menos con respecto a las generaciones anteriores a Thorfinn, porque Welles asume de forma poco crítica que todas las personas nombradas en sus fuentes deben haber sido una persona histórica real. Sin embargo, es interesante observar que Ragnar y su progenie siguen apareciendo en genealogías de motivación política incluso mil años después de sus vidas.

Sin embargo, al final —y pese a todos los intentos de otros de incrementar su estatus al reclamar a Ragnar como antepasado— no importa realmente si el Lodbrok de la saga era un personaje histórico real o un retrato compuesto alrededor del cual se tejió un conjunto de leyendas, tanto históricas como ficticias, o si fue creado al completo por un narrador de historias antiguas. La saga de Ragnar es un cuento que vale la pena contar en sí mismo, un cuento sobre personajes verosímiles y compasivos, y un cuento del que podemos aprender mucho sobre la cultura y la sociedad vikingas.

# Notas sobre el mundo de Ragnar Lodbrok

Kirsten Wolf, *Daily Life of the Vikings* (Westport: The Greenwood Press, 2004), p. 22. *(en inglés)*

Wolf, *Daily Life*, p. 22. *(en inglés)*

Wolf, *Daily Life*, p. 22. *(en inglés)*

Richard Hall, *El mundo de los Vikingos* (Nueva York: Thames and Hudson, 2007), pp. 40-43.

Anders Winroth, *The Age of the Vikings* (Princeton: Princeton University Press, 2014), p. 138-9. *(en inglés)*

James Graham-Campbell, ed., *Cultural Atlas of the Viking World* (Oxford: Andromeda, 1994), p. 63. *(en inglés)*

Graham-Campbell, *Cultural Atlas*, pp. 80-83. *(en inglés)*

Wolf, *Daily Life*, p. 8. *(en inglés)*

Wolf, *Daily Life*, p. 10-11. *(en inglés)*

Wolf, *Daily Life*, p. 22-24. *(en inglés)*

Winroth, *Age of the Vikings*, p. 164-65. *(en inglés)*

Las historias de las mujeres guerreras en el relato de Saxo se resumen en la obra de Judith Jesch, *Women in the Viking Age* (Woodbridge: The Boydell Press, 1991) *(en inglés)*, a partir de la página 176.

Charlotte Hendenstierna-Jonson et al., «A Female Viking Warrior Confirmed by Genomics», *American Journal of Physical Anthropology* 164/4 (2017): 853-60. *(en inglés)*

Hendenstierna-Jonson et al., «Female Viking Warrior», p. 855. *(en inglés)*

Hendenstierna-Jonson et al., «Female Viking Warrior», p. 855-57. *(en inglés)*

Hall, *El mundo de los Vikingos*, p. 34.

Jesch, *Women in the Viking Age*, pp. 183-85. *(en inglés)*

Wolf, *Daily Life*, p. 13. *(en inglés)*

Wolf, *Daily Life*, p. 8-9. *(en inglés)*

Wolf, *Daily Life*, p. 10. *(en inglés)*

Wolf, *Daily Life*, p. 10. *(en inglés)*

Winroth, *Age of the Vikings*, p. 162-64. *(en inglés)*

Winroth, *Age of the Vikings*, p. 162-64. *(en inglés)*

Winroth, *Age of the Vikings*, p. 163-64. *(en inglés)*

Neil Oliver, *The Vikings: A New History* (Nueva York: Pegasus Books LLC, 2013), p. 108. *(en inglés)*

Winroth, *Age of the Vikings*, p. 123. *(en inglés)*

John Haywood, *Los hombres del Norte: La saga vikinga 793-1241* (Nueva York: St. Martin's Press, 2015), p. 14.

Wolf, *Daily Life*, p. 24 (en inglés); Graham-Campbell, *Cultural Atlas*, p. 75. *(en inglés)*

Haywood, *Los hombres del Norte*, p. 20-22; Graham-Campell, *Cultural Atlas*, p. 75. *(en inglés)*

Haywood, *Los hombres del Norte*, p. 22.

Graham-Campbell, *Cultural Atlas*, p. 75. *(en inglés)*

Graham-Campbell, *Cultural Atlas*, p. 79. *(en inglés)*

Wolf, *Daily Life*, p. 24. *(en inglés)*

Graham-Campbell, *Cultural Atlas*, p. 78. *(en inglés)*

Graham-Campbell, *Cultural Atlas*, p. 78. *(en inglés)*

Hall, *El mundo de los Vikingos*, p. 33, 99.

Hall, *El mundo de los Vikingos*, p. 101.

Hall, *El mundo de los Vikingos*, p. 101.

Winroth, *Age of the Vikings*, p. 124-27. *(en inglés)*

Graham-Campbell, *Cultural Atlas*, p. 78. *(en inglés)*

Graham-Campbell, *Cultural Atlas*, p. 85. *(en inglés)*

Hall, *El mundo de los Vikingos*, p. 59.

Hall, *El mundo de los Vikingos*, p. 60.

Hall, *El mundo de los Vikingos*, p. 60. Ribe es una ciudad de Dinamarca.

Haywood, *Los hombres del Norte*, p. 42-3.

Haywood, *Los hombres del Norte*, p. 45.

Haywood, *Los hombres del Norte*, p. 45, 88.

Haywood, *Los hombres del Norte*, p. 169-70.

Haywood, *Los hombres del Norte*, p. 40.

Winroth, *Age of the Vikings*, p. 136. *(en inglés)*

Winroth, *Age of the Vikings*, p. 136-39. *(en inglés)*

Winroth, *Age of the Vikings*, p. 136-37. *(en inglés)*

Oliver, *New History*, p. 99-100. *(en inglés)*

Hall, *El mundo de los Vikingos*, p. 54.

Winroth, *Age of the Vikings*, p. 75. *(en inglés)*

Haywood, *Los hombres del Norte*, p. 47.

Haywood, *Los hombres del Norte*, p. 50.

Oliver, *New History*, p. 169. *(en inglés)*

Caroline Taggart, *The Book of English Place Names: How Our Towns and Villages Got Their Names* (n. p.: Ebury Press, 2011), p. 15, 82, 269. *(en inglés)*

Graham-Campbell, *Cultural Atlas*, pp. 190-91. *(en inglés)*; Winroth, *Age of the Vikings*, p. 114. *(en inglés)*

Graham-Campbell, *Cultural Atlas*, pp. 190-91. *(en inglés)*

Graham-Campbell, *Cultural Atlas*, p. 192 *(en inglés)*; Hall, *El mundo de los Vikingos*, p. 97.

Hall, *El mundo de los Vikingos*, p. 150, 152.

Hall, *El mundo de los Vikingos,* p. 151.

Hall, *El mundo de los Vikingos,* p. 181.

Hall, *El mundo de los Vikingos,* p. 160.

Hall, *El mundo de los Vikingos,* p. 161.

Ben Waggoner, traducción., *The Sagas of Ragnar Lodbrok* (New Haven: The Troth, 2009), p. xiii. *(en inglés)*

Ben Waggoner, traducción., *The Sagas of Ragnar Lodbrok*, p. xi. *(en inglés)*

Ben Waggoner, traducción., *The Sagas of Ragnar Lodbrok*, p. xiii. *(en inglés)*

Ben Waggoner, traducción., *The Sagas of Ragnar Lodbrok*, p. xxiv. *(en inglés)* El manuscrito en cuestión se encuentra en la Biblioteca Real Danesa de Copenhague, MS NkS 1824b 4to.

Este manuscrito se encuentra en la Biblioteca Real Danesa de Copenhague, MS AM 147 4to. Ben Waggoner, traducción., *The Sagas of Ragnar Lodbrok*, p. xxiv. *(en inglés)*

Ben Waggoner, traducción., *The Sagas of Ragnar Lodbrok*, p. xxv. *(en inglés)* Waggoner también señala que el *Hauksbók* se

dividió en sus partes constituyentes y las piezas se catalogaron por separado. La parte que contiene el *Relato de los hijos de Ragnar* ahora se encuentra en el Instituto Arnamagnaean de la Universidad de Copenhague como MS AM 544.

Robert Crawford, *Scotland's Books: A History of Scottish Literature* (Oxford: Oxford University Press, 2009), n. p., *(en inglés)* consultado a través de los Libros de Google <http://google.com/books> 23 de marzo de 2020.

n. a., *Teutonic Forms*, p. 3 *(en inglés)* (PDF visitado en https://www.jsicmail.ac.uk, 23 de marzo de 2020). El PDF parece citar a Turville-Petre, p. xix, como fuente para la definición de *háttlausa,* pero no da una descripción bibliográfica más allá del apellido del autor y el número de página. Es posible que esta información se haya tomado de la obra *Scaldic Poetry* de Gabriel Turville-Petre (Oxford: Clarendon Press, 1976), pág. xxix, pero no tengo acceso a este volumen y, por lo tanto, no puedo confirmar la exactitud de esta suposición.

Ben Waggoner, traducción., *The Sagas of Ragnar Lodbrok*, p. x. *(en inglés)*

Oliver Elton, traducción. *The Nine Books of the Danish History of Saxo Grammaticus.* 2 vols. (Londres: Norroena Society, [1905]). *(en inglés)*

Elton, traducción., *Saxo Grammaticus*, vol. 2, p. 544-5. (en inglés)

Elton, traducción., *Saxo Grammaticus*, vol. 2, p. 550 (episodio de Carlomagno) and 552-4 (episodio de Hellespont). (en inglés)

Winroth, *Age of the Vikings*, p. 134-38. *(en inglés)*

Wolf, *Daily Life*, p. 55. *(en inglés)*

Wolf, *Daily Life*, p. 55. *(en inglés)*

Crawford, *Volsungs,* p. xv. *(en inglés)*

R. Bartlett, «The Viking Hiatus in the Cult of Saints as Seen in the Twelfth Century», in *The Long Twelfth-Century View of the Anglo-Saxon Past*, editado por Martin Brett y David A. Woodman (Abingdon: Routledge, 2016), p. 18. Bartlett cita el manuscrito F de la obra *Chronicle*, f. 54. «Viking Hiatus» n. 16. *(en inglés)*

Bartlett, *Viking Hiatus*, p. 17-8. *(en inglés)*

Bartlett, *Viking Hiatus*, p. 18. *(en inglés)*

Ben Waggoner, traducción., *The Sagas of Ragnar Lodbrok*, p. xvi–xvii. *(en inglés)*

Crawford, *Volsungs*, p. xix. *(en inglés)*

Albert Welles, *The Pedigree and History of the Washington Family* (Nueva York: Society Library, 1879). *(en inglés)*

Welles, *Washington*, p. iv. *(en inglés)*

# Parte II: La saga de Ragnar Lodbrok y sus hijos

*La versión de la saga que se presenta aquí es una compilación tomada de varias traducciones y relatos modernos de la historia de la vida y obras de Ragnar y de sus hijos. No intento indicar qué partes de la historia que aquí se cuenta provienen de qué parte de las fuentes medievales; más bien, mi objetivo es crear una narrativa coherente que sea accesible a los lectores modernos.*

*Las partes del diálogo de la saga que aparecen como poesía escáldica se han reescrito libremente en base a las traducciones modernas del nórdico antiguo. He usado tanto la aliteración como los kennings en las secciones poéticas en un intento de capturar algo de sabor de la poesía nórdica antigua original, pero no he empleado la forma poética escáldica real. Los kennings para «dragón» en el poema recitado por Ragnar son originales del nórdico antiguo, pero el kenning para «negro» en el poema recitado por Kraka o Aslaug es mi propia adición.*

*De vez en cuando, la saga presenta ideas o imágenes que merecen una mayor explicación. Con el fin de proporcionar un mayor contexto para el lector moderno, he adjuntado notas para estos artículos al pie de la saga.*

## Ragnar se convierte en rey

Había una vez un rey llamado Sigurd Ring. Tenía una bella esposa llamada Alfhild y juntos tuvieron un hijo llamado Ragnar. Ragnar se convirtió en un joven apuesto, fuerte y bien formado en su cuerpo.

Cuando Ragnar tenía quince años, su madre murió. Después de un período de luto apropiado, Sigurd comenzó a buscar una nueva esposa. Puso su corazón en Alfsol, la hija del rey de Jutlandia. Sigurd envió mensajeros a Jutlandia para pedir la mano de Alfsol. Cuando el padre de Alfsol escuchó el mensaje, se burló. Le dijo al mensajero:

—Lleva esta respuesta a tu señor. Dile: «Sigurd Ring puede ser un gran rey, pero ya está muy viejo. Mi hija es digna de un mejor marido, no uno que probablemente si no muere en su noche de bodas, lo hará poco después.»

Cuando Sigurd escuchó la respuesta del rey de Jutlandia, se puso furioso.

—¿De manera que soy un hombre viejo, con un pie en la tumba? El grosero que ocupa el trono de Jutlandia se arrepentirá de haberme contestado así. Haré que se trague estas palabras a punta de lanza y me casaré con su hija, lo quiera o no.

Sigurd formó su ejército y marchó a Jutlandia. Los habitantes de Jutlandia lucharon bien y con valentía, pero no pudieron hacer frente a los hombres de Sigurd. Pronto quedó claro que Sigurd sería el vencedor y en vez de permitirle que se llevara a Alfsol por la fuerza, su padre le dio una copa de veneno para que bebiera, y así murió.

Después de la batalla, el cuerpo de Alfsol fue encontrado por los hombres de Sigurd. Lo llevaron cuidadosamente a su rey, quien comenzó a llorar y a lamentarse cuando vio que la bella joven estaba muerta y que había muerto envenenada.

—Tomen mi mejor barco y construyan sobre él una pira —dijo Sigurd—. Le daré a Alfsol un buen funeral, uno digno de una reina, aunque no haya vivido para serlo.

Arrastraron el barco a la orilla y colocaron el cuerpo de Alfsol sobre la pira como si hubiera sido una reina. Sigurd estaba de pie junto al barco mientras la pira se encendía. Cuando se cortó la línea de amarre y el barco empezó a alejarse con la marea, Sigurd subió a bordo y se quedó en la proa.

—Si Alfsol no puede unirse a mí como mi esposa en esta vida, ¡yo me uniré a ella en la muerte! —gritó Sigurd mientras desenvainaba su espada—. Mi hijo Ragnar es un hombre valiente y digno. ¡Tómenlo ahora como su rey!

Entonces Sigurd tomó la espada y se la clavó en el pecho. Cayó en las llamas y así su cuerpo se quemó junto con el de Alfsol.

Y así fue como Ragnar se convirtió en rey, a pesar de que solo tenía quince años. Los hombres de su reino aprendieron rápidamente a respetarlo, ya que su juicio era acertado y nadie podía igualarlo en la batalla. Ragnar lideró a sus hombres en muchas incursiones y batallas, y siempre regresaban victoriosos, con las bodegas de sus barcos llenos de botín. El mismo Ragnar escapó de todas las luchas sin siquiera un rasguño, porque su madre le había tejido una camisa mágica que lo mantenía a salvo de todo peligro.

Una de las muchas expediciones de Ragnar lo llevó a Noruega. Cuando las batallas y las incursiones terminaron, él y sus hombres encontraron un lugar protegido para varar sus barcos. Estaban cansados y querían descansar antes de navegar hacia sus hogares. Establecieron un campamento y pasaron la noche en la playa.

Por la mañana, Ragnar deseaba estar solo. Tomó su espada y caminó por el bosque y por una de las muchas colinas que rodeaban la playa. El cielo estaba despejado, el sol brillaba y Ragnar se deleitaba con la belleza del día.

Cuando llegó a la cima de una de las colinas, Ragnar decidió sentarse en la hierba y disfrutar de la pacífica mañana. Mientras miraba hacia el campo, vio dos ejércitos marchando el uno hacia el otro. Los ejércitos se encontraron y se enfrentaron, y pronto todo empezó a ir muy mal para uno de los bandos. Ragnar observó más de cerca y percibió que el ejército perdedor no estaba dirigido por un hombre sino por una mujer que mostraba tal habilidad con sus armas que nadie podía enfrentarse a ella. Sin embargo, ella sola no podía conquistar a un ejército entero y cuando sus guerreros cayeron uno por uno bajo las espadas de sus enemigos, se encontró casi rodeada y en apuros.

Ragnar sacó su espada y corrió en su ayuda. Luchó con tanta fiereza y fuerza que pronto él y la mujer que estaba entre ellos hicieron huir al otro ejército. Una vez que la batalla terminó, la mujer se le acercó a Ragnar y le dijo:

—Te agradezco tu ayuda. Si no fuera por ti, seguramente yacería muerta en el campo junto a tantos hombres valientes. Mi nombre es Ladgerda y soy la dueña de las tierras de aquí. ¿Puedo saber tu nombre para poder agradecerte como es debido?

—Soy Ragnar, hijo de Sigurd Ring y un rey entre mi propio pueblo —dijo Ragnar—. Mis hombres y yo varamos nuestros barcos cerca de aquí. Fue un placer poder acudir en tu ayuda. Nunca he visto a una escudera luchar con tanta fuerza y habilidad.

—Regresa conmigo a mi fortaleza —dijo Ladgerda— y tráete a tus hombres contigo. Serán mis invitados en mi fiesta de la victoria.

Esa noche, Ragnar y sus hombres bebieron y se dieron un festín con Ladgerda. Al final de la noche, Ragnar se había enamorado de Ladgerda, a quien encontró inteligente y respetada por su gente. Ragnar le propuso matrimonio y Ladgerda aceptó con la condición de que se quedaran en su reino:

—No quiero ser una simple consorte, contenta con servir a su esposo noble. Aquí mando yo y aquí me quedaré.

Ragnar aceptó las condiciones de Ladgerda y pasaron tres felices años juntos como marido y mujer. Al final del tercer año, Ragnar se encontró con que se estaba volviendo inquieto. Anhelaba los viajes por el mar y las aventuras que llevaban a la batalla y al saqueo en lugares lejanos.

Un día, un mensajero llegó a Ragnar con la noticia de que su reino estaba en peligro. Ragnar pidió su armadura y sus armas, e hizo que se preparara un barco. Entonces fue a Ladgerda y le dijo:

—Tengo que volver a mi país. He estado fuera demasiado tiempo y ahora mi reino probablemente caiga. ¡Ven conmigo! Tu habilidad en la batalla es inigualable y te agradecería tu ayuda.

—Cuando nos casamos, te dije que era con la condición de que te quedaras aquí —dijo Ladgerda—. No dejaré el trono de mi tierra para convertirme en una criada en la tuya. Debes elegir. O te quedas aquí como mi esposo o nos separamos para siempre.

—Entonces debemos separarnos —dijo Ragnar— porque no puedo abandonar a mi gente. Adiós y que la buena fortuna te acompañe.

Y así fue como Ragnar y Ladgerda se separaron, para no volver a verse nunca más en este mundo.

## Ragnar y el dragón

Había una vez un conde de Gautlandia llamado Herrud, que tenía una hermosa hija llamada Thora. Herrud adoraba a su hija. Le dio a Thora su propia casa para vivir y rara vez pasaba un día sin que el conde le diera a Thora algún regalo. Un día, Herrud le trajo a su hija lo que parecía una pequeña serpiente de jardín, que le había dado un comerciante de una tierra lejana. La joven se deleitó con la criatura y la convirtió en su mascota. Pero sin que Thora y su padre lo supieran, la serpiente no era una serpiente común: se trataba de un bebé dragón. La serpiente continuó creciendo hasta que finalmente llegó a ser tan grande que ya no cabía en la casa de

Thora. Se envolvió alrededor de la casa y, debido a su gran amor por Thora, no permitió que nadie cruzara el umbral excepto el hombre que la alimentaba con un buey entero cada día y que le traía comida y bebida y otras cosas necesarias a la joven.

—Esto no puede seguir así —dijo el conde—. Mi hija está prisionera en su propia casa y no hay ningún guerrero de entre mi gente que sea capaz de matar a esa terrible bestia. Envíen mensajeros a todas las tierras. Díganles que quien mate a ese dragón tendrá la mano de mi hija en matrimonio, además de una gran cantidad de oro.

El conde envió a los mensajes con esta noticia por todos los reinos y pronto uno de ellos llegó a la corte de Ragnar. El mensajero obtuvo una audiencia con Ragnar, donde le explicó su misión al joven rey.

—Vengo en nombre del conde de Gautlandia —dijo el mensajero—. Él anda en busca de un héroe que mate al dragón que mantiene a su hija prisionera en su propia casa. El dragón es grande y temible. Sus colmillos vierten veneno y su sangre envenena todo aquello que toca. No hay nadie en todo Gautlandia que haya demostrado ser lo suficientemente valiente como para enfrentarse a la bestia, así que el conde promete la mano de su hija en matrimonio, además de mucho oro, a quien pueda matar al monstruo y salir vivo de la batalla.

—Cuéntame más sobre la hija del conde —dijo Ragnar—. ¿Qué clase de mujer es?

—Es la criatura más bella de la tierra —dijo el mensajero—. La vi una vez con mis propios ojos a través de una ventana de su casa. Tiene un rostro hermoso y un cuerpo bello, y su pelo es dorado y suave como la seda. Cualquier hombre estaría orgulloso de llamarla su esposa y sin duda muchos héroes ya habrían luchado a muerte por el honor de su mano si no fuera por la intromisión del dragón.

Ragnar agradeció al mensajero y ordenó a que se le diera comida, bebida y un lugar para descansar antes de seguir su camino. Entonces Ragnar comenzó a pensar en cómo podría ganarse la mano de Thora. Era muy joven, pero era rey y sabía que todos los reyes necesitaban una reina. Y seguramente no había una reina más digna en el mundo que la hija del conde Herrud. Además, Ragnar tenía un espíritu aventurero y nada le tentaba tanto como la oportunidad de poner a prueba su valor contra un dragón adulto con colmillos venenosos y sangre venenosa. ¿Pero cómo podía matar a la bestia sin envenenarse?

Finalmente, Ragnar encontró la solución. Pidió que se le hicieran unas calzas y una capa de piel de cabra peluda. Cuando las prendas estuvieron listas, Ragnar las empapó en brea. Tan pronto como la brea se secó, Ragnar navegó hacia Gautlandia y llevó su mejor lanza. Dejó su barco en un lugar protegido que nadie podía visitar, bajó a tierra en secreto y, vestido con sus extrañas y peludas ropas, se arrastró silenciosamente hasta la casa de Thora, donde el dragón yacía durmiendo envuelto alrededor de las paredes.

Antes de que el dragón pudiera despertarse para pelear, Ragnar le clavó su lanza y luego la sacó de nuevo. El dragón gritó y fue a atacar, pero Ragnar fue demasiado rápido. Ragnar volvió a clavar su lanza y esta vez la punta golpeó el hueso. Ragnar tiró del mango de la lanza, pero el mango se rompió y la punta quedó incrustada en el cuerpo del dragón. Mientras el dragón luchaba y chillaba en su agonía, parte de su sangre salpicó a Ragnar, pero él no sufrió ningún daño porque estaba bien protegido por sus extrañas y peludas ropas. Desde ese día, se le conoció como *Lodbrok*, que significa *calzas peludas*.

Thora miró por la ventana justo cuando Ragnar se estaba alejando. Vio que el dragón estaba muerto y supuso con razón que el hombre que estaba fuera era el que lo había matado. Thora salió de su casa y llamó a Ragnar.

—¿Eres tú el que mató al dragón? Por favor, acepta mi agradecimiento —dijo.

Ragnar se giró y mientras lo hacía, Thora se dio cuenta de lo alto y lo ancho que era, y de lo fuerte y lo apuesto que era.

—Sí, fui yo quien mató a la bestia —dijo Ragnar.

—¿Quién eres? —preguntó Thora—. Dime tu nombre.

Ragnar habló en este verso como respuesta:

*Tu héroe soy yo, bella dama,*

*Dieciocho inviernos llevo caminando por la tierra.*[lxxvii]

*Aunque sea joven, soy valiente y cumplo promesas*

*Para derribar al pez de tierra,*[lxxviii]

*La temible bestia que te acosa*

*Con la fuerza y la lanza*

*He vencido al vil gusano*

*Llevando a casa el corazón*

*Del salmón del brezo.*[lxxix]

Entonces Ragnar se dio la vuelta y se alejó.

Por la mañana, Thora le dijo a su padre que el dragón estaba muerto y llevó al conde a ver sus restos. El conde vio el extremo del mango de la lanza que sobresalía de la piel de la bestia. Ordenó que se quitara la punta de la lanza. Se necesitaron tres hombres fuertes para sacarla y, cuando finalmente la tuvieron en sus manos, los tres apenas podían levantarla, incluso cuando lo intentaron juntos. El Conde se maravilló de esto y le preguntó a Thora:

—¿Quién es este hombre? Seguramente es un gran héroe para empuñar un arma tan poderosa. Merece nuestro agradecimiento y le he prometido tu mano en matrimonio.

—No sé quién es, padre —dijo la joven—. Le pregunté su nombre, pero respondió con un acertijo y luego se fue sin decir nada más.

Todo lo que sé de él es que tiene dieciocho inviernos, que iba muy mal vestido y que mató al dragón.

El Conde decidió entonces que se celebrara una importante reunión en su corte para averiguar quién era el libertador de su hija. Envió mensajeros por todas las tierras, diciendo a los campeones que se reunieran y dijeran si eran ellos los que habían matado al dragón o no, y que trajeran pruebas de que ellos mismos habían realizado la acción, si es que la habían realizado.

El día de la reunión, Ragnar llegó a la corte del conde junto con los hombres de su barco. Trajo consigo el mango de lanza rota, pero no llevaba su ropa peluda, porque no quería que la hija del conde lo viera y lo identificara así.

Cuando todos los hombres se reunieron en el salón, el conde les agradeció su presencia y les explicó lo que había que hacer:

—El dragón que asediaba mi hogar ha sido asesinado por una poderosa lanza. La punta y parte del mango quedaron clavadas en el cuerpo de la bestia. Les iré acercando la punta a cada uno de ustedes para que digan si es suya o no. Si la reclaman, prepárense para probarlo al presentar el mango de la lanza. Quienquiera que haya realizado esta acción tendrá la mano de mi hija en matrimonio, además de mucho oro, según lo prometido.

Entonces el conde mostró la punta de la lanza a cada hombre por turnos. Todos negaron que fuera suya, aunque deseaban decir que sí lo era y así tener la hija del conde en matrimonio, ya que era muy hermosa.

Finalmente, la punta de la lanza se le mostró a Ragnar.

—Es mía —dijo Ragnar—. Con esa lanza, maté al dragón.

—Demuéstralo —dijo el conde—, y si mientes, que sepas que la cosa te va a salir mal.

Ragnar sacó el mango de la lanza rota y la otra pieza encajó en él. Era obvio que este era el hombre que había matado al dragón. El Conde anunció un gran festín para celebrar la muerte de la bestia, el coraje y la fuerza de Ragnar, y el matrimonio de su hija con un héroe tan magnífico. En la fiesta, Ragnar tomó a Thora como su esposa y, cuando la fiesta terminó, la llevó a su propio país, donde vivieron felices juntos durante muchos años. Thora le dio a Ragnar dos hijos llamados Erik y Agnar. Ellos se convirtieron en buenos jóvenes, ambos altos, guapos y fuertes. Nadie podía superarlos, ni en la batalla ni en las competiciones deportivas.

Llegó el día en el que Thora cayó gravemente enferma. En unos pocos días, estaba muerta. Ragnar la lloró mucho y su dolor era tan profundo que no pudo soportar quedarse en el país donde su amada esposa había muerto. Ragnar entregó el gobierno de su reino a sus hijos y consejeros para luego embarcarse y comenzar una vida de aventuras e incursiones una vez más.

## Aslaug

El magnífico héroe Sigfrido, que mató al dragón Fafner, tenía una hija llamada Aslaug con la valquiria llamada Brunilda. En la corte de Sigfrido, había un rey exiliado llamado Heimir, que se había casado con la hermana de Brunilda. Heimir era un poeta y un arpista dotado, por lo que se había convertido en el escaldo de Sigfrido. Heimir era el padre adoptivo de Aslaug, como lo había sido de su madre antes que de ella, y cuidaba a la pequeña Aslaug desde que era una bebé.

Cuando Aslaug tenía tres años, sus padres murieron. El padre de Aslaug fue asesinado en la corte del rey Gebica, donde entonces vivía, y su madre murió por su propia mano afligida por la muerte de Sigfrido. Al saber que Aslaug estaba en peligro a causa de los enemigos de Sigfrido, Heimir huyó con ella. Fabricó un arpa grande y escondió a la niña dentro de ella para que pudiera ir de un lugar a otro sin que nadie hiciera preguntas, ya que un escaldo que viajaba con su arpa no generaba nada de curiosidad.

Después de un largo viaje, Heimir y Aslaug llegaron a Noruega a un lugar llamado Spangarheith, donde se encontraba una granja solitaria. En la granja vivía un anciano llamado Aki y su esposa, una anciana llamada Grima. Heimir fue a la granja y llamó a la puerta. Cuando Grima respondió, dijo:

—¿Qué es lo que quieren? Si están buscando a mi marido, no está aquí, pero volverá pronto.

—No busco nada más que un fuego para calentarme y un lugar para dormir esta noche —contestó Heimir— y si pudiera darle también una corteza de pan a un escaldo errante, le estaría muy agradecido.

—Ya se ha encendido un fuego en mi hogar y puede dormir en nuestro granero si quiere —dijo la mujer—. Tengo un poco de pan que horneé ayer y lo puede comer.

Heimir le agradeció a la mujer y fue a sentarse junto al fuego. Dejó su arpa y empezó a calentarse mientras la mujer volvía a su trabajo.

Ahora bien, cuando Heimir dejó la corte de Sigfrido con la pequeña Aslaug, también guardó en el arpa una cantidad de oro y algunos de los finos vestidos de la muchacha, ya que ella necesitaría las dos cosas cuando finalmente llegaran a un lugar seguro. Él mismo se había vestido con ropas pobres, como le corresponde a un escaldo errante, pero se había olvidado de quitarse el anillo señorial que llevaba en un dedo. La anciana vio un destello de oro cuando Heimir extendió sus manos hacia el fuego y, cuando examinó su arpa más de cerca, vio un trozo de tela fina asomando de la costura de la puerta que encerraba a Aslaug y sus pertenencias. Esto hizo que la anciana pensara en cómo podría quitarle al desconocido su oro y sus telas finas, pero no le mencionó a Heimir nada de lo que había visto.

Después, la anciana le mostró a Heimir el lugar donde iba a dormir esa noche y luego regresó a su casa. No mucho más tarde, su marido regresó a casa y se enfadó al ver que su cena aún no estaba lista, ya que Grima había estado ocupándose de su visitante en lugar de preparar la cena.

—No te enfades, esposo —dijo Grima—. Hoy he visto algo que seguramente nos traerá la fortuna que siempre nos había faltado. Un escaldo errante llegó a la puerta hoy, pidiendo calor y refugio. Le dejé sentarse junto al fuego. Pero este no es un escaldo común y corriente. Tiene ropa fina guardada en su arpa y lleva un anillo de oro en su dedo.

—¿Sí? —dijo Aki—. ¿Y eso a nosotros qué nos importa?

—Viejo estúpido, ¿no lo ves? —respondió Grima—. ¡Esta es nuestra oportunidad! Si matamos al escaldo, podremos quedarnos con su oro y con sus finas ropas y tal vez incluso vender el arpa. ¡Nunca más nos faltará nada!

—Esta es una cosa malvada que estás planeando, Grima —dijo Aki—. El escaldo es un invitado en nuestra casa. Es algo verdaderamente vergonzoso asesinar a un huésped y después robarle. Yo no me haré partícipe en ello.

—Muy bien —respondió la anciana—. No me ayudes entonces. Te pondré de patitas en la calle como a un viejo perro abandonado y me casaré con el escaldo. O también podríamos matarte entre los dos. El resultado sería el mismo en cualquier caso. Tengo la intención de vivir bien y cómodamente, incluso si tú no lo quieres.

Después de una larga pelea, la anciana finalmente convenció a su marido para que la ayudara a matar a Heimir y robar todas sus posesiones. Aki tomó su hacha y entonces él y Grima se arrastraron silenciosamente al granero donde Heimir yacía profundamente dormido con su arpa a su lado. Aslaug permanecía escondida dentro, ya que Heimir no estaba seguro de su seguridad incluso entre esta gente pobre.

Grima tomó el arpa y la trajo de vuelta a la casa de campo, mientras que Aki tomó su hacha y golpeó a Heimir con un gran golpe en la cabeza, que lo mató al instante. Entonces Aki volvió a la cabaña, donde encontró a su esposa intentando abrir el arpa. Estaba teniendo grandes dificultades, porque Heimir había hecho construir el arpa con un cierre secreto que solo él sabía abrir. Finalmente, Grima se frustró tanto que tomó el hacha de Aki y rompió el arpa. ¡Imagine la sorpresa de la pareja de ancianos cuando encontraron no solo oro y finas vestimentas sino también una hermosa joven con el pelo dorado escondida en su interior!

—Bueno, esto es un gran giro de los acontecimientos —dijo Aki—. ¿Qué vamos a hacer ahora? ¿Crees que deberíamos matar a la niña también? Quiero que sepas que no le haré ningún daño a esta niña, no importa cuánto me lo pidas.

—No, no la mataremos —dijo Grima—. Nos quedaremos con ella. Nos vendría bien otro par de manos en la granja. Simplemente diremos que es nuestra hija.

Aki se rió a carcajadas de esto.

—¿Pero tú te has mirado a ti misma, mujer? ¿Me has mirado a mí? Los dos somos viejos, encorvados y feos, y esta niña es la niña más bella que he visto. Seguramente sus padres fueron ambos gente noble. ¿Quién nos va a creer?

—Eso no importa. La camuflaremos. La vestiremos con harapos, le cortaremos el pelo, la untaremos con cenizas y barro, y se parecerá lo suficiente a la hija de un campesino para pasar por la nuestra. Y no es que tengamos muchas visitas aquí.

Entonces Grima se volvió hacia la niña y le preguntó:

—¿Cómo te llamas, niña?

Pero Aslaug estaba demasiado asustada para responder. La pareja de ancianos la aterrorizaba y ella se preguntaba dónde se había ido su querido Heimir.

Y así fue como Aki y Grima adoptaron a Aslaug y la criaron como si fuera su propia hija. Como Aslaug no podía o no quería decir su nombre a la pareja de ancianos, la mujer decidió llamarla Kraka, que significa «cuervo», en honor a su madre, que también llevaba ese nombre. Aslaug permaneció con Grima y Aki, y se convirtió en una joven adorable. Conservó su hábito de silencio y rara vez hablaba, incluso con sus padres adoptivos. Aun así, era inteligente, astuta y su belleza se correspondía con su ingenio. Aslaug vivió con la pareja de ancianos y trabajó para ellos como una esclava, ya que no tenía otra opción, pero nunca olvidó su familia, ni cómo su padre adoptivo había muerto.

## Ragnar y Aslaug

Aslaug, que ahora se llamaba Kraka, tenía dieciséis años cuando Ragnar Lodbrok volvió al mar con sus compañeros. Hicieron incursiones a lo largo y a lo ancho, y después de una de esas incursiones, vararon sus barcos cerca de Spangarheith, donde vivían Grima, Aki y su hija adoptiva. Ragnar dijo a sus cocineros que tomaran una medida de harina y otras cosas necesarias para hornear el pan y que fueran a buscar un posadero o un panadero dispuesto a ayudarles. Los cocineros hicieron lo que Ragnar les pidió y, cuando todo estuvo listo, fueron a buscar a alguien que les ayudara a hornear el pan. Muy pronto, llegaron a la granja de Grima y Aki. Llamaron a la puerta y Grima respondió.

—¿Qué es lo que quieren? —preguntó.

—Somos los compañeros de Ragnar Lodbrok —respondieron—. Varamos nuestros barcos no muy lejos de aquí. Hemos venido a pedir ayuda para hacer el pan. Ahora que le hemos dicho quiénes somos díganos, ¿cómo se llama usted?

—Mi nombre es Grima y les ayudaría con gusto, pero mis manos están demasiado torcidas y rígidas para amasar el pan. Llamaré a mi hija y ella les ayudará.

Ahora bien, Kraka había estado en el campo cuidando del ganado cuando vio los barcos de Ragnar atracados en la orilla. Al pensar que algunos hombres podrían venir a la granja, fue a bañarse y a lavarse el pelo, cosas que Grima le había prohibido hacer para que ningún hombre se cruzara con ella y viera lo hermosa que era.

Kraka entró en la cabaña justo cuando los hombres empezaban a encender el fuego para hornear el pan. Cuando vieron a la muchacha, no podían creer lo que veían sus ojos. Nunca habían visto a una mujer tan hermosa en todos sus viajes.

—¿Esta joven es su hija? —preguntaron los hombres.

—Sí, lo es —contestó Grima.

—¿Cómo puede ser eso posible? Ella es la más bella de todas las mujeres y usted es horrible.

—El tiempo no me ha tratado bien —dijo Grima—. Deberían haberme visto en mis días de juventud.

Grima le pidió a Kraka que ayudara a hacer el pan. Kraka accedió, en silencio. Ayudó a hacer la masa y a amasarla. Cuando por fin se puso a hornear, los hombres estaban tan fascinados con Kraka que perdieron la noción del tiempo y el pan se quemó. Los cocineros volvieron a sus barcos con el pan quemado. Cuando la comida se sirvió más tarde, todos los hombres se quejaron de lo quemado que estaba el pan.

—¿Qué ha pasado? Sois unos cocineros muy hábiles. Nunca antes habíais quemado el pan de esta manera —preguntó Ragnar.

—No, nunca habíamos quemado el pan así antes —dijo el cocinero principal—, pero tampoco habíamos visto a una chica tan hermosa antes.

—Explicadme esto —pidió Ragnar.

—Bueno —dijo el cocinero más joven—, encontramos una granja y pedimos ayuda para hornear el pan, como nos pediste y la anciana que vivía allí hizo que su hija nos ayudara. Te juro que nunca había visto a una mujer más hermosa en todos mis días. Era tan fascinante que mantuvimos la mirada fija en ella y, al hacerlo, quemamos el pan.

Ragnar se burló:

—Ninguna mujer es así de hermosa. Vamos, explicadme qué pasó realmente.

Pero los cocineros no cambiaron su historia. Finalmente, Ragnar dijo:

—Muy bien, si ella es tan hermosa como lo decís, volved a la granja y pedidle que venga a visitarme aquí, porque ya es hora de que vuelva a casarme. Pero debéis darle el siguiente mensaje: «Ven a conocer a Ragnar Lodbrok, nuestro rey y capitán de los barcos, pero él manda que no vengas ni vestida ni desnuda, ni saciada ni hambrienta, ni que vengas sola, pero ningún hombre puede acompañarte».

Los cocineros volvieron a la granja, donde encontraron a Grima y a Kraka trabajando juntas dentro de la casa. Le dijeron a Kraka lo que Ragnar había dicho que debía hacer. Cuando Grima escuchó el mensaje de Ragnar, se burló:

—¿A qué está jugando este hombre, al darle a mi hija esas ridículas instrucciones? Creo que este rey y capitán suyo, si realmente es ambas cosas, podría estar completamente loco.

—No, creo que hay un propósito razonable detrás de este mensaje, si tan solo pudiéramos descifrarlo —dijo Kraka y entonces se dirigió a los cocineros—: Agradeced a vuestro rey y capitán su invitación. Díganle que no puedo ir con ustedes ahora, pero que lo visitaré por la mañana.

Los cocineros volvieron a los barcos y dieron la respuesta de Kraka a Ragnar. Durante la noche, Kraka pensó mucho en el mensaje de Ragnar y en cómo podría hacer lo que él había pedido. Finalmente encontró una solución y se fue a dormir.

Por la mañana, Kraka fue a Aki y le dijo:

—Me gustaría pedir prestada tu red de truchas, por favor.

Aki pensó que era una petición extraña, pero le dio la red de todos modos. Kraka fue a su habitación y se quitó toda la ropa. Luego se envolvió la red como si fuera un vestido. Cuando terminó, fue a la cocina y dio un mordisco al puerro que estaba en la mesa.

—Ahora no estoy ni vestida ni desnuda, y no estoy ni saciada ni hambrienta.

Kraka se dirigió a Aki una vez más:

—Préstame tu viejo perro para que no vaya sola, pero sin ningún hombre que me acompañe.

Kraka fue a los barcos con el viejo perro trotando a su lado. Cuando llegó, se detuvo en la orilla y esperó. Desde su barco, Ragnar la vio y la llamó:

—¿Cuál es tu nombre, y qué es lo que haces aquí?

Kraka respondió:

*Vine a la orden*

*De Ragnar, capitán y rey;*

*No me atreví a negar su llamada.*

*Observa cómo me encuentro aquí*

*Vestida y desnuda,*

*Envuelta en una red que cubre mi cuerpo,*

*Y con un buen amigo a mi lado,*

*Y que no estoy sola*

*Pero ningún hombre me acompaña.*

Ragnar les dijo a dos de sus hombres que fueran a buscar a la joven y la trajeran al barco. Kraka les dijo a los mensajeros cuando llegaron:

—Con gusto iré a conocer a su capitán y rey, pero solo con la condición de que tanto yo como mi compañero tengamos garantizada la seguridad.

Los mensajeros prometieron proteger a Kraka y al perro, y la guiaron al barco. Pero cuando Ragnar fue a saludar a Kraka, el perro le mordió. Cuando los hombres de Ragnar vieron esto, se lanzaron sobre el perro y lo mataron.

Kraka se quedó a bordo por un tiempo, conversando con Ragnar. Ragnar vio que Kraka era tan sabia e inteligente como hermosa y deseaba tenerla como esposa. Ragnar le pidió que se quedara con él, pero Kraka le respondió que, si realmente tenía buen comportamiento, la dejaría ir en paz.

—¿Por qué no te quedas? —dijo Ragnar—. Estoy totalmente complacido contigo y te amo. Deseo que te quedes aquí conmigo esta noche y te conviertas en mi esposa.

—No me quedaré esta noche —dijo Kraka—. No me quedaré hasta que hayas hecho un viaje más y regreses a mí con la misma mentalidad que ahora. Porque es posible que una vez que te hayas ido, te olvides de mí y si me caso contigo, me abandones.

A Ragnar le molestó que Kraka no se quedara con él. Intentó por última vez que se quedara al presentarle una camisa bellamente bordada que había pertenecido a su amada Thora, que llevaba consigo dondequiera que iba en su memoria.

Al presentar la camisa, Ragnar dijo:

*Toma esto ahora, doncella,*

*Un brillante regalo bien tejido*

*Que una vez adornó a mi amada Thora.*

*Cosida por su propia mano*

*¡Tenlo ahora para ti!*

*Toma este regalo de un rey y un capitán*

*La cosa más querida que puedo otorgar.*

Kraka respondió:

*Un regalo muy gentil.*

*Y gentilmente dado;*
*Pero no para la pobre doncella*
*Es la brillante camisa de Thora.*
*Más apropiada es la túnica gruesa*
*Ennegrecida con hollín.*
*De color del ala del cuervo*[lxx]
*Esto es lo que Kraka debe llevar*
*Para el pastoreo de las bestias*
*En caminos altos y bajos.*
*El lino señorial no es adecuado*
*Para la hija de un pobre hombre.*

Entonces Kraka dijo:

—Ahora me iré a casa y tú seguirás con tu misión. Y si, cuando regreses, todavía me deseas, envíame un mensaje y vendré.

Y así Kraka regresó a la casa de la pareja de ancianos y Ragnar navegó con el primer viento favorable. Después de diez meses, cuando el viaje de Ragnar terminó, volvió a Spangarheith y envió a sus hombres a buscar a Kraka, ya que aún la deseaba para su esposa. Kraka aceptó ir a Ragnar, pero no hasta la mañana siguiente.

Kraka se levantó muy temprano. Fue a ver a la pareja de ancianos y les preguntó si estaban despiertos. Cuando dijeron que lo estaban, Kraka dijo:

—Me voy y nunca volveré. Escuchen ahora, porque tengo algo que decirles: Sé que ustedes mataron a Heimir, a mi padre adoptivo. Sé que robaron el oro y las finas prendas que él había escondido, cosas que eran legítimamente mías. Me han dado un techo y ropa para cubrir mi cuerpo y a pesar de que no han sido amables, no me han hecho ningún daño. Por lo tanto, no buscaré justicia por lo que han hecho. Pero sí les deseo una cosa: que el resto de sus días sean malos y cada uno de ellos sea peor que el anterior.

Y así fue como Kraka regresó al barco de Ragnar, donde se le dio una justa bienvenida. Ragnar navegó con Kraka y sus hombres de vuelta a su tierra natal, donde se preparó un gran banquete de bodas. En el banquete, Ragnar se casó con Kraka, la tomó como su reina y vivieron muchos años felices juntos. Kraka le dio a Ragnar cuatro buenos hijos llamados Ivar el Deshuesado, Björn Costado de Hierro, Hvitserk y Ragnvald. Ivar fue llamado «el Deshuesado» porque sus huesos eran suaves y no se unían correctamente.[lxxxi] Él no podía caminar y era necesario llevarlo a todas partes en una camilla. Lo que le faltaba de fuerza física lo compensaba con su sabiduría y astucia, por lo que sus hermanos y hermanastros confiaban en su buen consejo. A Björn se le llamaba «Costado de Hierro» porque su piel era tan dura que ningún arma podía penetrarla. Ragnvald murió joven, muerto en batalla en un ataque a Whitby que Ivar había planeado.

## La disputa con el rey Eystein

Llegó un momento en que Ragnar fue a visitar al rey Eystein en Upsala. Ragnar y Eystein eran viejos amigos y aliados, así que hubo mucha alegría cuando se encontraron en la corte de Eystein. Eystein tenía una hermosa hija llamada Ingeborg, que aún no había sido prometida a ningún hombre. Ahora bien, los consejeros de Ragnar se habían enfadado durante mucho tiempo porque su reina era hija de campesinos y cuando vieron lo hermosa que era Ingeborg, empezaron a hablar en contra de Kraka con la esperanza de que Ragnar se divorciara de ella y se casara con Ingeborg en su lugar.

Ragnar se había dado cuenta de la belleza de Ingeborg y se dejó llevar por los argumentos de sus asesores. Eystein también deseaba que su hija se casara con Ragnar. Cuando llegó el momento de volver a casa, Ragnar dejó Upsala y prometió divorciarse de Kraka y casarse con Ingeborg.

Mientras Kraka esperaba en casa el regreso de su marido, se sentó en el patio bajo un árbol para trabajar en un bordado. Mientras trabajaba, tres pájaros vinieron y se sentaron en las ramas del árbol. Los pájaros entonces cantaron esta canción:

*Ahora eres reina y señora,*

*Hasta que el rey y el capitán rompa su voto*

*Y coloque a la nueva novia en el trono.*

*Su corazón hacia ti se vuelve piedra ahora.*

Y así fue como Kraka se enteró del plan de Ragnar a divorciarse de ella y casarse con otra en su lugar.[lxxxii]

Cuando Ragnar regresó a casa, Kraka fingió que no sabía nada de sus intenciones. Le saludó con alegría como siempre lo hacía, preguntándole cómo le había ido la visita y cómo se encontraban sus amigos. En ese momento, Ragnar empezó a sentir que se había comportado de manera grosera al aceptar casarse con Ingeborg y dejar a Kraka a un lado y, debido a su vergüenza, fue muy brusco en sus respuestas. Esto solo sirvió para confirmar a Kraka lo que los pájaros le habían dicho. Finalmente, Kraka decidió revelar lo que sabía.

—¿Por qué quieres divorciarte de mí y casarte con otra? —preguntó Kraka.

—¿Quién te dijo eso? —preguntó Ragnar, ya que solo él y sus asesores más cercanos conocían este plan, y acababan de regresar a casa.

—Hay tres pájaros que son amistosos conmigo. Cuando sales de viaje, los envío a seguirte para que me traigan noticias. Mientras estaba sentada en el patio con mi bordado, vinieron volando y me cantaron que deseas tener a otra mujer en mi lugar. ¿Por qué quieres hacer eso? ¿Qué mal te he hecho para que desees dejarme?

—No has hecho ningún mal, pero tu humilde nacimiento pesa en tu contra —dijo Ragnar—. Mis consejeros se sienten inquietos por tener a una campesina como reina.

—Entonces, diles a tus consejeros que están muy equivocados y que ninguna campesina ocupa el trono sino la hija de Sigfrido Fafnirsbane y la valquiria Brunilda —dijo Kraka.[lxxxiii] Me encontraste viviendo entre campesinos, pero esa gente no son mis padres. Cuando era muy pequeña, mi padre adoptivo, el rey Heimir, me alejó de la corte de mi padre para mantenerme a salvo de los hombres que habían matado a mi padre. Heimir me escondió dentro de su arpa, junto con algunos objetos de valor y se puso en marcha para buscar un lugar donde pudiéramos vivir en paz. Un día llegamos a la granja de Grima y Aki, donde Heimir pidió refugio. Grima y Aki mataron a mi padre adoptivo por el oro y las finas prendas que llevaba en su arpa. Cuando abrieron el arpa para sacar las cosas de valor, también me encontraron allí. Los ancianos me adoptaron y me mantuvieron como si fuera su hija, pero no soy de su sangre. Soy hija de los volsungos, digna de ser tu reina. Mi verdadero nombre es Aslaug.

—Es una historia asombrosa, eso sí —dijo Ragnar—, pero ¿qué pruebas tienes de que esto sea cierto? Pruebas que debo tener para convencer a mis consejeros y para romper mi compromiso con Ingeborg, la hija del rey Eystein.

—Dos cosas que Grima y Aki me permitieron conservar cuando me encontraron —dijo Aslaug—. Una de ellas es el anillo de bodas de mi madre. La otra es una carta que mi madre me escribió antes de morir. Además, estoy embarazada de nuevo. Cuando el niño nazca, será un varón y tendrá la imagen de una serpiente en uno de sus ojos como muestra de su relación con mi padre, que mató al gran dragón Fafner.

Aslaug entonces presentó el anillo y la carta, y cuando llegó el momento de dar a luz a su hijo, dio a luz a un niño que tenía la imagen de una serpiente en un ojo. Al niño se le llamó Sigurd Serpiente en el Ojo en honor a su abuelo y por la marca en su ojo.

Ragnar vio todas estas pruebas y le pidió perdón a Aslaug. Luego envió un mensaje a Eystein para que rompiera su compromiso con Ingeborg. Y así fue como Ragnar y Eystein, que habían sido amigos de antaño, se convirtieron en enemigos jurados. Esta enemistad demostraría ser la ruina de Agnar y Erik, los hijos de Ragnar por su primera esposa, Thora.

Cuando Ragnar rompió su promesa de casarse con Ingeborg, Eystein juró venganza. Eystein convocó a su ejército con la intención de marchar a Dinamarca y tomar la fortaleza de Ragnar. Tan pronto como se supo lo que Eystein se proponía hacer, Ragnar reunió a sus hombres y se preparó para ir a la guerra, pero Agnar y Erik pidieron que se les enviara al frente del ejército en lugar de a Ragnar.

—Somos hombres hechos y derechos, padre —dijo Agnar—. Danos el honor de liderar tu ejército en la batalla. No nos falta nada de fuerza o habilidad y solo queremos volver victoriosos como tú lo has hecho muchas veces.

Ragnar dio a sus hijos su bendición. Agnar y Erik salieron con el ejército de Ragnar, y pronto se encontraron con Eystein y sus guerreros que se dirigían hacia Dinamarca. Hubo una gran y feroz batalla. Agnar y Erik se defendieron bien y mataron a muchos, pero su ejército fue desorganizado por una vaca encantada que Eystein soltó en medio de ellos. Pronto todo estaba perdido, porque no solo la vaca había confundido al ejército de Ragnar, sino que también se vieron abrumados por un mayor número de guerreros del ejército de Eystein.

Cuando la batalla finalmente terminó, Agnar yacía muerto en el campo, mientras que Erik y gran parte del ejército de Ragnar fueron capturados por Eystein.

—Eres un guerrero audaz y hábil —le dijo Eystein a Erik—. Quiero que haya paz entre nosotros. Toma a mi hija como esposa y puedes quedarte aquí en mi país. Grandes riquezas serán tuyas.

—No puede haber paz entre nosotros —dijo Erik—. Mataste a mi hermano; vi su cuerpo en el campo. Quédate con tu hija y con tus riquezas. Todo lo que pido es que se les permita a los hombres de mi padre regresar a casa sin peligro y que se plante un nido de lanzas en el suelo para mí, para que pueda unirme a mi hermano en la muerte.

Eystein vio que a Erik no se le podía influenciar, así que ordenó que a los guerreros de Ragnar se les permitiera viajar a casa sin ser molestados y que se hiciera un nido de lanzas con los ejes plantados en el suelo y las puntas hacia arriba. Cuando las lanzas fueron plantadas, Erik se quitó el anillo y se lo entregó a uno de sus hombres.

—Lleva este anillo a casa con mi madrastra —dijo— y cuéntale a ella y a mis hermanastros cómo murieron los hijos de Thora. Entonces Erik se arrojó sobre las puntas de las lanzas y así murió.

Cuando Ragnar se enteró de lo que había sucedido en Suecia, se enfureció por la derrota de su ejército, y más aún por la muerte de sus dos hijos mayores. Aslaug también lloró a Agnar y a Erik como si fueran suyos. Ivar y Björn fueron ante su padre y le pidieron su bendición para ir a Suecia y vengar la muerte de sus hermanastros. Ragnar les concedió gustosamente el permiso y así navegaron con el siguiente viento favorable, tras reunir un gran ejército de guerreros escogidos conocidos por su coraje y habilidad.

Cuando llegó el día de la batalla, Eystein volvió a soltar su vaca encantada entre las filas de los hombres de Ragnar. Una vez más el ejército se vio sumido en el desorden, pero Ivar no estaba consternado. Aunque Ivar no podía caminar, seguía siendo un arquero temible y en la batalla demostró tanto su habilidad como su frialdad. Mientras la vaca encantada se sumergía en la multitud y dispersaba a los guerreros de Ragnar, Ivar colocó una flecha en el arco, soltó un disparo mortal y mató a la vaca al instante. Una vez que el encantamiento de la vaca se disipó, los hombres de Ragnar se reunieron. Pronto los guerreros suecos se dieron a la fuga y Eystein fue asesinado mientras huía del campo. De este modo, los hijos de Thora y Ragnar Lodbrok quedaron vengados.

## La muerte de Ragnar Lodbrok

Cuando la batalla con Eystein terminó, los hijos de Ragnar tomaron el barco y se fueron a incursionar. Navegaron hacia el sur, capturando y arrasando pueblo tras pueblo, ciudad tras ciudad. Finalmente llegaron a la costa central de Italia, donde pensaron en asaltar una ciudad llamada Luna. Encallaron sus barcos cerca de la ciudad y todos los habitantes se apresuraron a asegurar sus puertas y guarnecer sus muros a la espera de un asalto vikingo.

Ahora bien, el capitán de las naves vikingas era un hombre llamado Hastein, que era a la vez inteligente y hábil guerrero, en el que confiaban los hijos de Ragnar, además de ser el padre adoptivo de Sigurd Serpiente en el Ojo. Cuando los vikingos vieron que Luna estaba demasiado bien defendida para capturarla con un ataque directo, Hastein ideó un astuto plan. Se enviaron mensajeros a la ciudad con instrucciones de decir que los vikingos no tenían ninguna intención de atacar. Les dijeron a los líderes de la ciudad y de la iglesia que su capitán, un hombre llamado Hastein, había caído gravemente enfermo y deseaba bautizarse como cristiano antes de morir. Un sacerdote fue enviado a las naves vikingas para dar el sacramento a Hastein, que pretendía convertirse completamente y aceptar a Cristo como su dios.

Unos días después de la supuesta conversión de Hastein, los vikingos enviaron un mensaje a la ciudad diciendo que su capitán había muerto. Dijeron a los líderes de la ciudad que Hastein deseaba una misa de funeral con un entierro cristiano y que le había dejado toda su fortuna a la iglesia de Luna. El gobernador de la ciudad pensó que como los vikingos no habían mostrado todavía ningún deseo de atacar la ciudad, seguirían comportándose de forma pacífica, por lo que permitió a los vikingos llevar el ataúd de Hastein a las puertas de la ciudad y asistir a la misa del funeral.

El gobernador no sabía que Hastein estaba vivo dentro de su ataúd y que los vikingos no tenían ninguna intención de irse sin saquear la ciudad. De acuerdo con el plan de Hastein, los vikingos hicieron una gran procesión fúnebre hasta la iglesia, donde el ataúd de Hastein se colocó sobre un féretro. Pero cuando las puertas de la iglesia se cerraron y comenzó la misa, Hastein abrió de una patada el ataúd y salió disparado, con la espada desenvainada. Los otros vikingos sacaron las armas que habían escondido en sus ropas, y así mataron a todos los dignatarios de la ciudad. Después salieron corriendo de la iglesia para saquear e incendiar las casas.

Después del saqueo de Luna, los hijos de Ragnar arrasaron con muchos otros pueblos y ciudades. Pronto se supo de sus hazañas en la corte de Ragnar.

—Debo tomar el barco de nuevo —dijo Ragnar—. No permitiré que nadie diga que los hijos de Ragnar son más valientes que su padre.

Ahora bien, hace muchos años, Ragnar había invadido Inglaterra y realizado incursiones devastadoras por todo el país. Ragnar había exigido tributo al rey como precio por la paz, pero una vez que Ragnar navegó a casa, el rey se negó a pagarlo. Ragnar consideró que una expedición para exigir el tributo sería una oportunidad de gloria que rivalizaría con la de sus hijos, así que hizo que se construyeran dos barcos, cada uno de ellos lo suficientemente grande como para llevar un gran ejército. Cuando Aslaug vio lo que Ragnar estaba haciendo, se preocupó por su incursión.

—Esposo —dijo—, ¿no sería mejor navegar con muchos barcos más pequeños en lugar de con dos grandes?

—Tal vez —respondió Ragnar—, pero ningún hombre ha conquistado Inglaterra con solo dos barcos y quiero ser el primero en hacerlo. ¡Piensa en las canciones que se cantarán! Mi fama será eterna.

Aslaug trató de convencer a su marido, pero Ragnar se mantuvo firme. Finalmente, Aslaug se dio cuenta de que era inútil discutir con él. Fue al cofre donde guardaba sus más queridos tesoros y de él tomó una camisa mágica que había tejido con su propio pelo y que se hizo sin ninguna costura.

—Puesto que no quieres cambiar de opinión, llévate esta camisa contigo —dijo Aslaug—. Llévala puesta durante la batalla. Te protegerá de todas las heridas y entonces tal vez puedas volver a casa junto a mí.

Cuando los barcos se prepararon, se aprovisionaron y se reunió el ejército, Ragnar navegó a Inglaterra, pero su viaje fue desafortunado desde el principio. Cuando los barcos de Ragnar se acercaron a la costa, estalló una gran tormenta y los barcos se hundieron en las rocas no muy lejos de la playa. Inquietos, Ragnar y sus hombres se dirigieron a tierra, donde comenzaron a atacar cada aldea y caserío que se interpuso en su camino.

La noticia de los ataques vikingos llegó al rey Aelle. Él reunió un gran ejército y salió a encontrarse con el ejército de Ragnar, con la intención de aplastarlo completamente antes de que pudiera hacer más daño. Los ingleses tenían un mejor ejército, así que la batalla se decidió rápidamente a favor de Aelle. La mayoría de los hombres de Ragnar fueron asesinados y el propio Ragnar quedó prisionero.

A Ragnar lo ataron y lo llevaron ante el rey.

—Dinos tu nombre y de dónde vienes —exigió Aelle—, pero Ragnar se negó a responder.

—Si no respondes —dijo Aelle—, te arrojaremos a un pozo lleno de serpientes venenosas. Te lo vuelvo a preguntar: ¿cómo te llamas y de dónde vienes?

Ragnar guardó silencio, así que Ella hizo lo que dijo que haría. A Ragnar se le cogió y se le arrojó a un pozo profundo en el que había muchas serpientes venenosas.[lxxxiv] Las serpientes intentaron picar a Ragnar, pero no pudieron perforar su piel debido a la camisa mágica que Aslaug le había dado. Cuando los ingleses se dieron cuenta de por qué Ragnar no se estaba muriendo, le quitaron la camisa y lo dejaron a su suerte.

Sin la camisa, las serpientes podían hundir sus colmillos en la carne de Ragnar. Pronto Ragnar sintió el veneno que recorría sus venas y supo que su muerte estaba muy cerca. Al morir, Ragnar cantó su canción de la muerte:

*Cincuenta y una batallas luché.*

*Valientes, intimidantes, innumerables enemigos maté;*

*Mi espada con su sangre brilló*

*Y el dragón mi punta de lanza temió.*

*Ahora la muerte su golpe me da,*

*Perdición no traida por batalla, sino por gusano retorcido.*

*Ahora Valhalla espera, el paraíso del guerrero;*

*Las valquirias enviadas por Odín descienden para llevarme a casa.*

*Cómo se enfurecerán los hijos de Aslaug*

*Cuando descubran cómo su héroe padre encontró su destino.*

*Odín me llama ahora, con las jarras de cerveza rebosando en sus pasillos.*

*Al morir canto la canción de mis obras;*

*Me río mientras la vida se desvanece.*

Cuando Aelle escuchó a Ragnar cantar a los hijos de Aslaug, se dio cuenta de quién era la persona que había sido arrojada a la fosa. Ordenó que se sacara a Ragnar a toda prisa, esperando que fuera posible salvarlo y así evitar la ira de sus hijos, pero era demasiado tarde. Ragnar ya estaba muerto cuando su cuerpo se sacó de la fosa.

Así terminó la vida de Ragnar Lodbrok, rey, héroe y la ruina del dragón.

## La venganza de los hijos de Ragnar

Ahora que Ragnar Lodbrok estaba muerto, Aelle envió mensajeros para informar a los hijos de Ragnar.

—Observad bien cómo cada uno de ellos se toma las noticias —dijo Aelle— y traedme esa información.

Los hijos de Ragnar habían llegado a casa de su propio viaje mientras su padre estaba en Inglaterra. El mensajero encontró a los jóvenes descansando en el gran salón de la fortaleza de Ragnar. Ivar ocupaba el trono de Ragnar, mientras Hvitserk y Sigurd jugaban al ajedrez. Björn también estaba allí, tallando el mango de una lanza para que se le pudiera colocar una punta.

Mientras el mensajero relataba la historia de la última batalla de Ragnar, de su muerte en el nido de serpientes y de su última canción, Ivar permanecía sentado frío e inmóvil en el trono, escuchando cada detalle y ocasionalmente haciendo preguntas al mensajero. El único signo de la angustia de Ivar era el cambio de color de sus mejillas, que pasaron de la palidez al enrojecimiento. Björn, sin embargo, agarró el mango de la lanza en sus manos y lo partió en dos. Hvitserk tomó una pieza de ajedrez y la apretó en su mano tan fuerte que la pieza se rompió, sus uñas se clavaron en la carne y su mano se llenó de sangre. Sigurd, que se estaba cortando las uñas con un cuchillo, no prestó atención a lo que hacía con la hoja y se cortó el dedo hasta el hueso.

Cuando el mensajero terminó de contar la historia, Björn dijo:

—Derriba a este perro allí donde está. Ningún hombre que haya visto la muerte de Ragnar Lodbrok debe vivir.

—Quieto, Björn —dijo Ivar—. El mensajero llegó en paz, enviado por su rey. Ha cumplido con su deber y ahora le permitiremos regresar a casa en paz.

El mensajero dejó la corte de Ragnar y regresó a Inglaterra, donde le contó a Aelle todo lo que había pasado mientras entregaba su mensaje.

—Ivar es al que tenemos que temer —dijo Aelle una vez que lo escuchó todo—, aunque los otros seguramente son bastante peligrosos también. Pongan vigilancia en nuestra costa este e informen con rapidez si se avistan velas vikingas en el horizonte.

En la corte de Ragnar, los hermanos debatieron lo que se debía hacer.

—¡Tomemos un barco con cada hombre que pueda llevar armas y démosle a Aelle una lección que nunca olvidará! —dijo Hvitserk.

—¡Sí, en efecto! —dijo Björn—. ¡Debemos vengarnos y Aelle pagará con su sangre y con la de muchos otros!

—Sí, Aelle debe pagar por lo que ha hecho —dijo Ivar—, pero ¿por qué no pedirle un *wergeld* y acabar con esto de una vez?[lxxxv] A Ragnar se le dijo en el momento de su partida que irse con solo dos barcos era una locura y ahora ha sufrido el destino que se predijo. ¿Por qué deberían morir más hombres buenos por las malas decisiones de Ragnar?

—*Wergeld* es la venganza del cobarde —dijo Sigurd—. Estoy de acuerdo con Hvitserk y Björn. Tomemos el barco y zarpemos hacia Inglaterra tan pronto como sea posible.

Al final, los hermanos se embarcaron con todos los guerreros que pudieron reunir. Ivar fue con ellos, pero se negó a participar en la batalla. La batalla se decidió rápidamente a favor de Aelle, y Hvitserk, Björn y Sigurd fueron capturados.

Cuando Ivar se enteró del curso de la batalla y del destino de sus hermanos, fue ante Aelle para suplicar su liberación.

—En recompensa por la muerte de nuestro padre, permita que mis hermanos regresen a casa a salvo —dijo Ivar—, y también deme un pequeño *wergeld*: una cantidad de tierra que la piel de un buey pueda cubrir. Me quedaré aquí en Inglaterra y prometo no tomar armas contra ustedes mientras viva.

Aelle aceptó estas condiciones, ya que pensaba que el *wergeld* que Ivar pedía era tan peculiar y tan pequeño que resultaba ridículo, aunque él no se lo dijo en ese momento. Hvitserk, Björn y Sigurd volvieron a casa, mientras Ivar se quedó en Inglaterra. Ivar se quedó con el trozo de tierra que una piel de un buey podía cubrir, y cuando Ivar terminó de extender la piel, Aelle ya no se reía. El astuto Ivar tomó la piel de buey, la hizo suave y flexible, y luego la estiró al máximo. Cuando la piel estaba bien estirada, la cortó en tiras muy finas. Luego tomó las tiras y las cosió de punta a punta en un gran círculo. Ivar tomó el círculo de piel de buey y rodeó un gran terreno en el que construyó una fortaleza y fundó una ciudad llamada *Lundunaborg*.[lxxxvi]

Ivar gestionó bien sus asuntos, se hizo amigo de todos los nobles de las tierras de alrededor y les trataba incluso mejor que Aelle. Ivar también fingía estar en paz con Aelle y le trataba como un amigo y consejero. Pronto Aelle se había calmado e Ivar tenía muchos amigos bien situados que estaban listos para la rebelión. Ivar instó a los nobles ingleses a levantarse y arrebatar el trono a Aelle, ya que Ivar nunca había perdonado al rey por la muerte de Ragnar.

Cuando todo estaba listo, Ivar envió un mensaje a sus hermanos para reunir sus ejércitos y navegar hacia Inglaterra. Los hermanos llegaron con sus ejércitos y, con la ayuda de los amigos ingleses de Ivar, emprendieron la lucha con Aelle. El ejército de Aelle fue tomado por sorpresa y sus efectivos se habían agotado por la deserción de tantos nobles. Capturaron al mismo Aelle y lo mataron al hacer que le grabaran la imagen de un águila en vuelo en su espalda con un cuchillo.[lxxxvii]

Una vez cumplida su venganza, Hvitserk, Björn y Sigurd volvieron a casa y se repartieron el reino de su padre entre ellos. Björn tomó los territorios que estaban en Suecia, mientras Sigurd reinaba en Dinamarca. Hvitserk continuó realizando viajes en busca de tesoros, hasta que fue capturado y ejecutado. Ivar permaneció en Inglaterra, donde estableció una colonia vikinga en Northumbria.

Así termina la saga de Ragnar Lodbrok y sus hijos

# Notas de la saga de Ragnar Lodbrok y sus hijos

Kirsten Wolf, *Daily Life of the Vikings* (Westport: The Greenwood Press, 2004), p. 22. *(en inglés)*

Wolf, *Daily Life*, p. 22. *(en inglés)*

Wolf, *Daily Life*, p. 22. *(en inglés)*

Richard Hall, *El mundo de los Vikingos* (Nueva York: Thames and Hudson, 2007), p. 40-43.

Anders Winroth, *The Age of the Vikings* (Princeton: Princeton University Press, 2014), p. 138-9. *(en inglés)*

James Graham-Campbell, ed., *Cultural Atlas of the Viking World* (Oxford: Andromeda, 1994), p. 43. *(en inglés)*

Graham-Campbell, *Cultural Atlas*, pp. 80-83. *(en inglés)*

Wolf, *Daily Life*, p. 8. *(en inglés)*

Wolf, *Daily Life*, p. 10-11. *(en inglés)*

Wolf, *Daily Life*, p. 22-24. *(en inglés)*

Winroth, *Age of the Vikings*, p. 164-65. *(en inglés)*

Las historias de las mujeres guerreras en el relato de Saxo se resumen en la obra de Judith Jesch, *Women in the Viking Age* (Woodbridge: The Boydell Press, 1991) *(en inglés)*, a partir de la página 176.

Charlotte Hendenstierna-Jonson et al., «A Female Viking Warrior Confirmed by Genomics», *American Journal of Physical Anthropology* 164/4 (2017): 853-60. *(en inglés)*

Hendenstierna-Jonson et al., «Female Viking Warrior», p. 855. *(en inglés)*

Hendenstierna-Jonson et al., «Female Viking Warrior», p. 855-57. *(en inglés)*

Hall, *El mundo de los Vikingos*, p. 34.

Jesch, *Women in the Viking Age*, pp. 183-85. *(en inglés)*

Wolf, *Daily Life*, p. 13. *(en inglés)*

Wolf, *Daily Life*, p. 8-9. *(en inglés)*

Wolf, *Daily Life*, p. 10. *(en inglés)*

Wolf, *Daily Life*, p. 10. *(en inglés)*

Winroth, *Age of the Vikings*, p. 162-64. *(en inglés)*

Winroth, *Age of the Vikings*, p. 162-64. *(en inglés)*

Winroth, *Age of the Vikings*, p. 163-64. *(en inglés)*

Neil Oliver, *The Vikings: A New History* (Nueva York: Pegasus Books LLC, 2013), p. 108. *(en inglés)*

Winroth, *Age of the Vikings*, p. 123. *(en inglés)*

John Haywood, *Los hombres del Norte: La saga vikinga 793-1241* (Nueva York: St. Martin's Press, 2015), p. 14.

Wolf, *Daily Life*, p. 24 (en inglés); Graham-Campbell, *Cultural Atlas*, p. 75. *(en inglés)*

Haywood, *Los hombres del Norte*, p. 20-22; Graham-Campell, *Cultural Atlas*, p. 75. *(en inglés)*

Haywood, *Los hombres del Norte*, p. 22.

Graham-Campbell, *Cultural Atlas*, p. 75. *(en inglés)*

Graham-Campbell, *Cultural Atlas*, p. 79. *(en inglés)*

Wolf, *Daily Life*, p. 24. *(en inglés)*

Graham-Campbell, *Cultural Atlas*, p. 78. *(en inglés)*

Graham-Campbell, *Cultural Atlas*, p. 78. *(en inglés)*

Hall, *El mundo de los Vikingos*, p. 33, 99.

Hall, *El mundo de los Vikingos*, p. 101.

Hall, *El mundo de los Vikingos*, p. 101.

Winroth, *Age of the Vikings*, p. 124-27. *(en inglés)*

Graham-Campbell, *Cultural Atlas*, p. 78. *(en inglés)*

Graham-Campbell, *Cultural Atlas*, p. 85. *(en inglés)*

Hall, *El mundo de los Vikingos*, p. 59.

Hall, *El mundo de los Vikingos*, p. 60.

Hall, *El mundo de los Vikingos*, p. 60. Ribe es una ciudad de Dinamarca.

Haywood, *Los hombres del Norte*, p. 42-3.

Haywood, *Los hombres del Norte*, p. 45.

Haywood, *Los hombres del Norte*, p. 45, 88.

Haywood, *Los hombres del Norte*, p. 169-70.

Haywood, *Los hombres del Norte*, p. 40.

Winroth, *Age of the Vikings*, p. 136. *(en inglés)*

Winroth, *Age of the Vikings*, p. 136-39. *(en inglés)*

Winroth, *Age of the Vikings*, p. 136-37. *(en inglés)*

Oliver, *New History*, p. 99-100. *(en inglés)*

Hall, *El mundo de los Vikingos*, p. 54.

Winroth, *Age of the Vikings*, p. 75. *(en inglés)*

Haywood, *Los hombres del Norte*, p. 47.

Haywood, *Los hombres del Norte*, p. 50.

Oliver, *New History*, p. 169. *(en inglés)*

Caroline Taggart, *The Book of English Place Names: How Our Towns and Villages Got Their Names* (n. p.: Ebury Press, 2011), p. 15, 82, 269. *(en inglés)*

Graham-Campbell, *Cultural Atlas*, pp. 190-91. *(en inglés)*; Winroth, *Age of the Vikings*, p. 114. *(en inglés)*

Graham-Campbell, *Cultural Atlas*, pp. 190-91. *(en inglés)*

Graham-Campbell, *Cultural Atlas*, p. 192 *(en inglés)*; Hall, *El mundo de los Vikingos*, p. 97.

Hall, *El mundo de los Vikingos*, p. 150, 152.

Hall, *El mundo de los Vikingos*, p. 151.

Hall, *El mundo de los Vikingos*, p. 181.

Hall, *El mundo de los Vikingos*, p. 160.

Hall, *El mundo de los Vikingos*, p. 161.

Ben Waggoner, traducción., *The Sagas of Ragnar Lodbrok* (New Haven: The Troth, 2009), p. xiii. *(en inglés)*

Ben Waggoner, traducción., *The Sagas of Ragnar Lodbrok*, p. xi. *(en inglés)*

Ben Waggoner, traducción., *The Sagas of Ragnar Lodbrok*, p. xiii. *(en inglés)*

Ben Waggoner, traducción., *The Sagas of Ragnar Lodbrok*, p. xxiv. *(en inglés)* El manuscrito en cuestión se encuentra en la Biblioteca Real Danesa de Copenhague, MS NkS 1824b 4to.

Este manuscrito se encuentra en la Biblioteca Real Danesa de Copenhague, MS AM 147 4to. Ben Waggoner, traducción., *The Sagas of Ragnar Lodbrok*, p. xxiv. *(en inglés)*

Ben Waggoner, traducción., *The Sagas of Ragnar Lodbrok*, p. xxv. *(en inglés)* Waggoner también señala que el *Hauksbók* se

dividió en sus partes constituyentes y las piezas se catalogaron por separado. La parte que contiene el *Relato de los hijos de Ragnar* ahora se encuentra en el Instituto Arnamagnaean de la Universidad de Copenhague como MS AM 544.

Robert Crawford, *Scotland's Books: A History of Scottish Literature* (Oxford: Oxford University Press, 2009), n. p., *(en inglés)* consultado a través de los Libros de Google <http://google.com/books> 23 de marzo de 2020.

n. a., *Teutonic Forms*, p. 3 *(en inglés)* (PDF visitado en https://www.jsicmail.ac.uk, 23 de marzo de 2020). El PDF parece citar a Turville-Petre, p. xix, como fuente para la definición de *háttlausa,* pero no da una descripción bibliográfica más allá del apellido del autor y el número de página. Es posible que esta información se haya tomado de la obra *Scaldic Poetry* de Gabriel Turville-Petre (Oxford: Clarendon Press, 1976), pág. xxix, pero no tengo acceso a este volumen y, por lo tanto, no puedo confirmar la exactitud de esta suposición.

Ben Waggoner, traducción., *The Sagas of Ragnar Lodbrok*, p. x. *(en inglés)*

Oliver Elton, traducción. *The Nine Books of the Danish History of Saxo Grammaticus.* 2 vols. (Londres: Norroena Society, [1905]). *(en inglés)*

Elton, traducción., *Saxo Grammaticus*, vol. 2, p. 544-5. (en inglés)

Elton, traducción., *Saxo Grammaticus*, vol. 2, p. 550 (episodio de Carlomagno) and 552-4 (episodio de Hellespont). (en inglés)

Winroth, *Age of the Vikings*, p. 134-38. *(en inglés)*

Wolf, *Daily Life*, p. 55. *(en inglés)*

Wolf, *Daily Life*, p. 55. *(en inglés)*

Crawford, *Volsungs,* p. xv. *(en inglés)*

R. Bartlett, «The Viking Hiatus in the Cult of Saints as Seen in the Twelfth Century,» in *The Long Twelfth-Century View of the Anglo-Saxon Past*, editado por Martin Brett y David A. Woodman (Abingdon: Routledge, 2016), p. 18. Bartlett cita el manuscrito F de la obra *Chronicle*, f. 54. «Viking Hiatus» n. 16. *(en inglés)*

Bartlett, *Viking Hiatus*, p. 17-8. *(en inglés)*

Bartlett, *Viking Hiatus*, p. 18. *(en inglés)*

Ben Waggoner, traducción., *The Sagas of Ragnar Lodbrok*, p. xvi–xvii. *(en inglés)*

Crawford, *Volsungs*, p. xix. *(en inglés)*

Albert Welles, *The Pedigree and History of the Washington Family* (Nueva York: Society Library, 1879). *(en inglés)*

Welles, *Washington*, p. iv. *(en inglés)*

En una versión medieval de la saga, Ragnar afirma que tiene quince años en su verso para Thora, pero esta versión no incluye la estancia de Ragnar con Ladgerda. Debido a que incluyo la historia de Ragnar conociendo y casándose con Ladgerda antes de su encuentro con el dragón, he cambiado la edad de Ragnar a dieciocho años para tener en cuenta sus tres años con Ladgerda.

Un kenning para «dragón».

Otro kenning para «dragón».

Un kenning para «negro». También es un juego de palabras con el nombre «Kraka», que significa «cuervo».

Las fuentes originales no son claras sobre la naturaleza exacta de la discapacidad de Ivar. En cierto modo, las descripciones parecen sugerir una forma más leve de enfermedad de los huesos frágiles (osteogénesis imperfecta), pero también podrían referirse al raquitismo. El raquitismo es una enfermedad infantil que produce un ablandamiento de los huesos, causado por la falta de vitamina D. Entre los efectos de este ablandamiento se incluyen la flexión de las piernas y los nudos de las rodillas, lo que afecta la capacidad de caminar. El raquitismo es más común en las latitudes septentrionales debido a la falta de luz solar durante una parte importante del año. También puede deberse a factores genéticos o a que la madre tenga una grave deficiencia de la vitamina D durante el embarazo.

El padre de Kraka o Aslaug también tenía la habilidad de entender el habla de los pájaros, que adquirió al probar accidentalmente algo de la sangre del dragón Fafner mientras lo asaba para Regin, el herrero del que Sigfrido era aprendiz y que era hermano de Fafner.

«Fafnirsbane» significa «asesino de Fafnir».

Aunque la saga solo se escribió en tiempos cristianos, uno se pregunta si el pozo de las serpientes tenía la intención de ser algún tipo de referencia al concepto pagano ya sea a Hvergelmir o a Nastrandir. Este último era un lugar en el inframundo nórdico que estaba hecho de serpientes venenosas y el primero era un lugar habitado por una serpiente gigante. Nastrandir era el lugar al que se enviaban las almas de los rompedores de juramentos y asesinos mientras que Hvergelmir era el lugar donde una serpiente gigante consumía las almas de los más malvados. Si esta coincidencia de imágenes entre las creencias paganas y el texto de la saga fuera en efecto intencionada podría añadir aún más degradación al método utilizado para la muerte de Ragnar, ya que indica que Aelle lo veía no como un noble enemigo sino más bien como un deshonrado asesino. También es posible que se pretendiera establecer un vínculo entre Ragnar y Gunter de la *Saga de los volsungos*, quien también encuentra su final en un pozo lleno de serpientes.

Esta es una versión significativamente más corta del Krákumál, un poema de 29 estrofas que se supone es la canción de la muerte de Ragnar. De hecho, el Krákumál es una creación del siglo XII, probablemente escrito en algún lugar de las islas escocesas.

El pago del *wergeld* era una práctica importante en las antiguas sociedades germánicas y escandinavas. La finalidad del *wergeld* era compensar a la víctima —o a la familia de la víctima, si la víctima moría— por los daños sufridos a causa del delito cometido por el agresor. La suma que se debía pagar variaba según la naturaleza de la lesión, el género y la condición social de las partes interesadas. Una vez que se había pagado el *wergeld*, la víctima o su familia tenían que renunciar a cualquier derecho a exigir un pago o a realizar una venganza posterior.

Algunas de las fuentes que consulté decían que «Lundunaborg» era Londres; otras decían que era Lincoln. Ninguna de las dos identificaciones puede ser históricamente exacta ya que tanto Londres como Lincoln se fundaron por los romanos mucho antes de que los vikingos llegaran a Inglaterra. Peter Munch defiende la idea de «Londres» en su obra *Norse Mythology: Legends of Gods and Heroes* (Nueva York: American-Scandinavian Foundation, 1926), p. 251 *(en inglés)*. Katharine F. Boult, por otro lado, afirma que la fortaleza de Ivar era Lincoln. *Asgard & the Norse Heroes* (Londres: J. M. Dent & Sons, Ltd., 1914), p. 253 *(en inglés)*.

Las fuentes medievales no coinciden en lo que implicaron exactamente la tortura y la muerte de Aelle. Algunas parecen indicar que la imagen de un águila se grabó en su espalda, pero otra versión afirma que el «águila» se creó al abrir la caja torácica de la víctima por la espalda y después separar sus pulmones como si fueran alas. El historiador Anders Winroth dice que la dificultad de traducir la versión original en nórdico antiguo ha llevado a otros malentendidos sobre el «águila de sangre». Winroth dice que la interpretación en la que un águila se graba en la espalda de Aelle con un cuchillo también puede ser una mala traducción, aunque él la encuentra gramaticalmente correcta y que podría haber sido la intención original del creador de la saga decir que a Aelle lo mataron y que después su cuerpo se dejó como alimento para las aves de presa. *The Age of the Vikings* (Princeton: Princeton University Press, 2014), p. 36-7 (*en inglés)*.

# Parte III: Representaciones de los mitos e historia nórdicos en los medios modernos

## Los dragones en la Tierra Media de Tolkien

*El Señor de los Anillos* y *El hobbit* de J. R. R. Tolkien han capturado la imaginación de los lectores desde su publicación inicial a mediados del siglo XX y se han llevado a un público aún más amplio gracias a las recientes adaptaciones cinematográficas de Peter Jackson. Las voluminosas obras de Tolkien sobre la Tierra Media, su historia y sus habitantes abrieron nuevos mundos para las generaciones de sus fanáticos e inspiraron a muchos otros escritores.

Así como los escritos de Tolkien se convirtieron en un estímulo para los creadores que lo siguieron, los antiguos mitos nórdicos y anglosajones fueron una de las inspiraciones de Tolkien y están profundamente entretejidos en su ficción. Tolkien no se distanció mucho de sus fuentes, sino que se alegraba de poder afirmar lo siguiente: «En mi obra El Señor de los Anillos he tratado de modernizar los mitos y hacerlos más creíbles».[lxxxviii]

La conexión de Tolkien con los antiguos mitos nórdicos y con la literatura anglosajona llegó temprano en su vida, así como su interés por las lenguas artificiales. Cuando Tolkien era un niño, leyó la versión de Andrew Lang de la *Saga de los volsungos* en *El libro rojo de las hadas* y alrededor de la misma época, hizo sus primeros experimentos con las lenguas artificiales.[lxxxix] Durante su adolescencia, Tolkien fue alumno de la escuela de King Edward de Birmingham, donde estudió la lengua anglosajona y comenzó a aprender a leer el nórdico antiguo.[xc] El nórdico antiguo se convirtió en su asignatura preferida durante sus estudios universitarios en Oxford, complementaria a su materia de estudio primaria, la lingüística del inglés.[xci]

Este interés por los idiomas y la literatura nórdica y anglosajona por igual creó el arco de la vida profesional de Tolkien, la mayor parte de la cual transcurrió en la Universidad de Oxford, donde fue profesor de anglosajón y miembro de Pembroke College entre 1925 y 1945, mientras que de 1945 a 1959 fue profesor de lengua y literatura inglesas y miembro de Merton College.[xcii] Fue durante su estancia en Oxford y durante su jubilación posterior cuando Tolkien escribió *El hobbit*, *El Señor de los Anillos* y otras historias ambientadas en la Tierra Media, la última de las cuales fue publicada por el hijo de Tolkien, Christopher, después de la muerte del anciano Tolkien en 1973.

Las conexiones entre las obras de Tolkien y la mitología nórdica son lo suficientemente complejas y extensas como para llenar un libro entero, así que voy a limitar mi enfoque al asunto de los dragones en estos dos ámbitos de la literatura. Así como los dragones son figuras importantes en *Beowulf* y en las sagas islandesas, incluida la de Ragnar, también abundan en las obras de Tolkien. Aparece el aterrador Ancalagon el Negro, el mortal Glaurung sin alas en *El Silmarillion*, el brillante Smaug en *El hobbit* y el ingenioso y cobarde Crisófilax en *Egidio, el granjero de Ham*, una divertida historia corta ambientada no en el reino de la fantasía de la Tierra Media sino en una imaginaria Inglaterra medieval. No debe sorprender que el mismo Tolkien admitió que cuando era niño, «deseaba a los dragones con un profundo anhelo».

Aunque todos los dragones de Tolkien son dignos de una mayor discusión, me centraré en los paralelos entre Fafner de la *Saga de los volsungos*, por un lado, y Smaug y Glaurung en los libros de Tolkien *El hobbit* y *El Silmarillion*, por el otro. La interacción de Bilbo con Smaug en *El hobbit* también guarda resonancia con el poema épico anglosajón *Beowulf* y existen dos pequeños puntos de semejanza entre Glaurung en *El Silmarillion* y el dragón sin nombre de la *Saga de Ragnar Lodbrok*.

El autor Jonathan Evans señala algunos paralelismos entre Smaug, el dragón de *El hobbit*, y el dragón de la última parte de *Beowulf* en los acontecimientos que desencadenan su desenfreno. En ambas historias, los dragones se enfurecen por la pérdida de una pequeña copa de cada uno de sus tesoros.[xciii] Bilbo toma la copa en *El hobbit* durante su primera visita a la guarida de Smaug, mientras que en *Beowulf* el objeto es robado por un hombre desconocido.[xciv]

La forma de la muerte de Smaug proviene de una fuente diferente, en cambio, hace eco del asesinato del dragón Fafner por Sigfrido en la *Saga de los volsungos*. En ambas historias, el dragón se derriba por un arma que perfora un punto débil en el vientre, cerca del hombro izquierdo. Fafner muere a causa de una espada clavada por Sigfrido, que se esconde en una fosa y ataca al dragón cuando pasa por encima, mientras que Smaug muere a causa de una flecha disparada por un arquero llamado Bardo.[xcv]

En cada uno de los casos, la persona que mata al dragón recibe consejos sobre cómo hacerlo. En la *Saga de los volsungos*, el padre adoptivo de Sigfrido, Regin, le dice a Sigfrido que cave una fosa, se esconda en ella y que apuñale al dragón cuando pase por encima. Mientras Sigfrido está cavando, Odín, que se presenta bajo la apariencia de un viejo tuerto, le dice a Sigfrido que cave múltiples fosas para protegerse del flujo de la sangre del dragón. En *El hobbit*, un tordo que ha estado dando vueltas en el campamento de los enanos escucha a Bilbo contarles a los enanos la debilidad que observó al entrar en la guarida del dragón.[xcvi] El tordo lleva esta información al arquero Bardo.[xcvii] La habilidad de Bardo para entender el habla de los pájaros también aparece en la *Saga de los volsungos*: Sigfrido obtiene esa misma habilidad cuando accidentalmente prueba un poco de la sangre de Fafner después de matarlo y la conversación de los pájaros salva la vida de Sigfrido como el tordo salva la de Bardo, al advertir a Sigfrido que su padre adoptivo, Regin, tiene la intención de matarlo.[xcviii]

Al igual que en *El hobbit*, Tolkien se apropia de algunos detalles de la historia de Sigfrido en la *Saga de los volsungos* para reutilizarlos en la historia de Túrin Turambar en *El Silmarillion*. Algunos de estos son pequeños elementos: por ejemplo, tanto Túrin como Sigfrido usan cascos de dragón y empuñan espadas dos veces forjadas, además de que ambos sufren destinos infelices. Aquí, sin embargo, me gustaría concentrarme en las interacciones de cada héroe con los dragones que matan. Para Sigfrido, este es Fafner, mientras que para Túrin, este es Glaurung, el primer dragón creado en la Tierra Media por medio del poder de Melkor, el señor oscuro.

Como ya hemos visto, Sigfrido mata a Fafner con un ataque de espada desde abajo. Túrin hace lo mismo en su encuentro final con Glaurung, pero con un riesgo bastante mayor para Túrin, quien, en lugar de esperar en relativa seguridad dentro de una fosa, trepa un acantilado a un lado de un abismo para esperar al dragón mientras este pasa sobre el hueco entre el lugar donde Túrin espera y el otro lado.

La escena final que incluye tanto a Túrin como a Glaurung también tiene algunas resonancias con la *Saga de Ragnar Lodbrok*. Ragnar obtiene el apodo de «Lodbrok», o «calzas peludas», por el traje que se hace para protegerse del veneno y de la sangre del dragón. El traje funciona: cuando la sangre del dragón moribundo salpica a Ragnar, él sale ileso. Túrin, por otro lado, no es tan afortunado o quizás no tan precavido como Ragnar. Cuando Túrin saca su espada del costado de Glaurung, la sangre del dragón brota a chorros, y algo cae en la mano de Túrin y la quema. Además, al igual que el dragón en la historia de Ragnar, Glaurung no tiene alas.

Los personajes de Fafner, Smaug y Glaurung también tienen algunas cosas en común, especialmente en la forma en la que se relacionan con Sigfrido, Bilbo y Túrin, respectivamente. Tolkien toma estos elementos comunes y los moldea de manera diferente para Smaug que para Glaurung, en parte debido al tono de cada una de estas historias. La historia de Túrin Turambar es tanto una tragedia como un romance en el sentido medieval de la palabra, escrita con una voz deliberadamente arcaica para evocar la sensación de que lo que uno está leyendo es un documento de un pasado antiguo y no algo creado por un profesor de Oxford del siglo XX. *El hobbit*, por el contrario, a pesar de todas sus batallas, arañas gigantes, duendes y dragones, se escribió para niños y por lo tanto mantiene un tono bastante ligero.

A diferencia del dragón de la saga de Ragnar, que permanece en silencio durante su encuentro con Ragnar, el dragón Fafner y los dragones de Tolkien hablan con los héroes en sus respectivas historias. Después de que Sigfrido le da a Fafner su golpe mortal, Fafner le pregunta a Sigfrido quién es su padre y cuál es su linaje. Sigfrido responde que su linaje no es conocido por los hombres, que se le llama la Noble Bestia, que no tiene ni padre ni madre y que por ello viaja solo.[xcix] En la conversación que sigue, Sigfrido revela su verdadero nombre y aguanta una serie de insultos del dragón, seguidos de una conversación sobre la muerte y el destino antes de que Fafner maldiga su tesoro y muera.

En esta conversación, Sigfrido y Fafner se relacionan el uno con el otro más o menos como iguales. Se preguntan y contestan las preguntas del otro y, aunque Fafner intenta asustar a Sigfrido con horribles presagios en caso de que Sigfrido toque el tesoro de Fafner, el dragón no parece pensar que Sigfrido sea inferior a él.

Glaurung, por el contrario, desprecia a Túrin. El dragón le insulta, igual que Fafner se lo hace a Sigfrido, pero las burlas de Glaurung son mucho más dañinas. En su primer encuentro, Glaurung no mata a Túrin, sino que hiere al héroe de forma psicológica y emocional al llamarlo «inútil, forajido, asesino de su amigo, ladrón de amor, usurpador de Nargothrond, capitán temerario y desertor de su familia». Ahora bien, todas estas cosas son ciertas en teoría y son descripciones de hechos reales de la vida de Túrin, pero Glaurung hace uso de ellas; y los insultos contra la familia de Túrin que siguen hacen que Túrin dude de sí mismo y por lo tanto lo debilitan en la lucha contra el creador de Glaurung, Melkor. Aunque Túrin intenta atacar a Glaurung, el dragón simplemente se aparta del camino y se va mientras se burla de él y piensa que ya ha desperdiciado demasiado tiempo y esfuerzo en este hombre tan insignificante.[c]

Otro intercambio tiene lugar más adelante en la historia, esta vez entre Glaurung y Niënor, la esposa de Túrin, mientras Glaurung se está muriendo. Glaurung se burla de Niënor al decir que es la hermana de Túrin, un hecho del que ni Niënor ni Túrin eran conscientes, después de lo cual Glaurung desprecia a Túrin una vez más antes de morir.[ci] Poco después, Túrin se entera de que su madre ha muerto y que Niënor ha perdido la memoria y ha huido.[cii] Exhausto y despojado, Túrin se suicida al arrojarse sobre el filo de su espada.[ciii]

Tolkien utiliza la interacción de Sigfrido con Fafner como modelo para las conversaciones de Glaurung con Túrin y Niënor, pero expande la idea al crear tres encuentros en lugar de uno que involucra no a uno sino a dos personajes. Tolkien también incrementa los intereses emocionales al hacer las conversaciones de Glaurung con Turín y Niënor más crueles que las de Fafner con

Sigfrido, y también eleva la malicia del dragón hacia los humanos a los que atormenta.

En *El hobbit*, por el contrario, Tolkien adopta la parte de los enigmas de la conversación de Sigfrido con Fafner como modelo para la interacción de Bilbo con Smaug, aumenta el número de enigmas y utiliza la conversación como una oportunidad para que Smaug se regodee de su superioridad sobre el insignificante ladrón que se atreve a enfrentarse a él y a intentar tocar incluso el más pequeño objeto de su tesoro. A diferencia de las burlas y regodeo de Glaurung, que se convierten en la ruina de Túrin y Niënor, los insultos de Smaug albergan semillas de su propia destrucción: el dragón presume de su vientre cubierto de piedras preciosas y se las muestra a Bilbo, que ve una zona no cubierta por gemas en el lado izquierdo que se convertirá en la ruina de Smaug. Además, el enigma más o menos exitoso de Bilbo muestra el coraje y el agudo ingenio del pequeño hobbit que, solo unos meses antes, estaba «arrodillado en la alfombra del hogar y temblaba como una gelatina que se estaba derritiendo» ante la sugerencia de que se embarcaría en una gran aventura con Gandalf y los enanos.[civ] A diferencia de Túrin, Bilbo sale envalentonado de su encuentro con un dragón.

Al igual que Bilbo, Sigfrido comienza su interacción con Fafner ocultando su identidad con una serie de enigmas, pero Sigfrido abandona rápidamente la pretensión cuando Fafner insiste en que diga la verdad. Sigfrido lo hace, sobre todo porque sabe que el dragón se está muriendo y no podrá ir tras él más tarde. Bilbo, sin embargo, no tiene tales garantías ya que Smaug está muy vivo y no existe ninguna garantía de que muera. Además, mientras Sigfrido trata a Fafner prácticamente como a un compañero derrotado, Bilbo, por el contrario, se da cuenta de lo pequeño e impotente que es —con lo que Smaug obviamente está de acuerdo— y se dirige al dragón con títulos halagadores como «Smaug el Tremendo» y «Smaug el más grande de las calamidades».

Cuando Smaug pregunta quién es Bilbo y de dónde viene, Bilbo responde con una serie de acertijos que se refieren de manera indirecta tanto a sus orígenes como a las aventuras que ha tenido hasta ahora:

> Vengo de debajo de la colina, y por debajo de las colinas y sobre las colinas me condujeron los senderos. Y por el aire. Yo soy el que camina sin ser visto. Yo soy el descubre-indicios, el corta-telarañas, la mosca de aguijón. Fui elegido por el número de la suerte. Yo soy el que entierra a sus amigos vivos, y los ahoga y los saca vivos otra vez de las aguas. Yo vengo de una bolsa cerrada, pero no he estado dentro de ninguna bolsa. Yo soy el amigo de los osos y el invitado de las águilas. Yo soy el Ganador del Anillo y el Porta Fortuna; y yo soy el Jinete del Barril.[cv]

Después de este diálogo, Tolkien continúa dando al lector algunas instrucciones para interactuar con los dragones y señala que es sabio ocultar el nombre, pero imprudente negarse a responder en absoluto y que por lo tanto Bilbo lo está haciendo muy bien en esta situación extraordinariamente peligrosa. Tolkien explica entonces por qué es una buena idea acercarse a los dragones de esta manera y dice que «ningún dragón puede resistirse a la fascinación de la charla enigmática y de perder el tiempo tratando de entenderla».

Esto es tan cierto para Fafner como para Smaug: mientras Fafner se está muriendo, intenta resolver el enigma de la identidad de Sigfrido, al que siguen una serie de preguntas y respuestas sobre la naturaleza de las nornas, las diosas que determinan el destino de todos los seres humanos y la morada del dios del fuego Surt, antes de que Fafner le informe a Sigfrido acerca de la perdición que le espera si toca el oro de Fafner.[cvi]

En su propia ficción, Tolkien usó las historias nórdicas que tanto le gustaban y que conocía de cerca como inspiración para sus nuevos personajes y sucesos. Pero en lugar de copiar lo que encontró en las sagas, Tolkien las reelaboró y las adaptó a sus propios fines para convertirlas en ricos elementos en los que basar las historias nuevas, historias para los lectores que, como Tolkien, ansían conocer las historias de los dragones.

# Notas sobre los dragones en la Tierra Media de Tolkien

Kirsten Wolf, *Daily Life of the Vikings* (Westport: The Greenwood Press, 2004), p. 22. *(en inglés)*

Wolf, *Daily Life*, p. 22. *(en inglés)*

Wolf, *Daily Life*, p. 22. *(en inglés)*

Richard Hall, *El mundo de los Vikingos* (Nueva York: Thames and Hudson, 2007), p. 40-43.

Anders Winroth, *The Age of the Vikings* (Princeton: Princeton University Press, 2014), p. 138-9. *(en inglés)*

James Graham-Campbell, ed., *Cultural Atlas of the Viking World* (Oxford: Andromeda, 1994), p. 43. *(en inglés)*

Graham-Campbell, *Cultural Atlas*, pp. 80-83. *(en inglés)*

Wolf, *Daily Life*, p. 8. *(en inglés)*

Wolf, *Daily Life*, p. 10-11. *(en inglés)*

Wolf, *Daily Life*, p. 22-24. *(en inglés)*

Winroth, *Age of the Vikings*, p. 164-65. *(en inglés)*

Las historias de las mujeres guerreras en el relato de Saxo se resumen en la obra de Judith Jesch, *Women in the Viking Age* (Woodbridge: The Boydell Press, 1991) *(en inglés)*, a partir de la página 176.

Charlotte Hendenstierna-Jonson et al., "A Female Viking Warrior Confirmed by Genomics", *American Journal of Physical Anthropology* 164/4 (2017): 853-60.

Hendenstierna-Jonson et al., «Female Viking Warrior», p. 855. *(en inglés)*

Hendenstierna-Jonson et al., «Female Viking Warrior», p. 855-57. *(en inglés)*

Hall, *El mundo de los Vikingos*, p. 34.

Jesch, *Women in the Viking Age*, pp. 183-85. *(en inglés)*

Wolf, *Daily Life*, p. 13. *(en inglés)*

Wolf, *Daily Life*, p. 8-9. *(en inglés)*

Wolf, *Daily Life*, p. 10. *(en inglés)*

Wolf, *Daily Life*, p. 10. *(en inglés)*

Winroth, *Age of the Vikings*, p. 162-64. *(en inglés)*

Winroth, *Age of the Vikings*, p. 162-64. *(en inglés)*

Winroth, *Age of the Vikings*, p. 163-64. *(en inglés)*

Neil Oliver, *The Vikings: A New History* (Nueva York: Pegasus Books LLC, 2013), p. 108. *(en inglés)*

Winroth, *Age of the Vikings*, p. 123. *(en inglés)*

John Haywood, *Los hombres del Norte: La saga vikinga 793-1241* (Nueva York: St. Martin's Press, 2015), p. 14.

Wolf, *Daily Life*, p. 24 (en inglés); Graham-Campbell, *Cultural Atlas*, p. 75. *(en inglés)*

Haywood, *Los hombres del Norte*, p. 20-22; Graham-Campell, *Cultural Atlas*, p. 75. *(en inglés)*

Haywood, *Los hombres del Norte*, p. 22.

Graham-Campbell, *Cultural Atlas*, p. 75. *(en inglés)*

Graham-Campbell, *Cultural Atlas*, p. 79. *(en inglés)*

Wolf, *Daily Life*, p. 24. *(en inglés)*

Graham-Campbell, *Cultural Atlas*, p. 78. *(en inglés)*

Graham-Campbell, *Cultural Atlas*, p. 78. *(en inglés)*

Hall, *El mundo de los Vikingos*, p. 33, 99.

Hall, *El mundo de los Vikingos*, p. 101.

Hall, *El mundo de los Vikingos*, p. 101.

Winroth, *Age of the Vikings*, p. 124-27. *(en inglés)*

Graham-Campbell, *Cultural Atlas*, p. 78. *(en inglés)*

Graham-Campbell, *Cultural Atlas*, p. 85. *(en inglés)*

Hall, *El mundo de los Vikingos*, p. 59.

Hall, *El mundo de los Vikingos*, p. 60.

Hall, *El mundo de los Vikingos*, p. 60. Ribe es una ciudad de Dinamarca.

Haywood, *Los hombres del Norte*, p. 42-3.

Haywood, *Los hombres del Norte*, p. 45.

Haywood, *Los hombres del Norte*, p. 45, 88.

Haywood, *Los hombres del Norte*, p. 169-70.

Haywood, *Los hombres del Norte*, p. 40.

Winroth, *Age of the Vikings*, p. 136. *(en inglés)*

Winroth, *Age of the Vikings*, p. 136-39. *(en inglés)*

Winroth, *Age of the Vikings*, p. 136-37. *(en inglés)*

Oliver, *New History*, p. 99-100. *(en inglés)*

Hall, *El mundo de los Vikingos*, p. 54.

Winroth, *Age of the Vikings*, p. 75. *(en inglés)*

Haywood, *Los hombres del Norte*, p. 47.

Haywood, *Los hombres del Norte*, p. 50.

Oliver, *New History*, p. 169. *(en inglés)*

Caroline Taggart, *The Book of English Place Names: How Our Towns and Villages Got Their Names* (n. p.: Ebury Press, 2011), p. 15, 82, 269. *(en inglés)*

Graham-Campbell, *Cultural Atlas*, pp. 190-91. *(en inglés)*; Winroth, *Age of the Vikings*, p. 114. *(en inglés)*

Graham-Campbell, *Cultural Atlas*, pp. 190-91. *(en inglés)*

Graham-Campbell, *Cultural Atlas*, p. 192 *(en inglés)*; Hall, *El mundo de los Vikingos*, p. 97.

Hall, *El mundo de los Vikingos*, p. 150, 152.

Hall, *El mundo de los Vikingos*, p. 151.

Hall, *El mundo de los Vikingos*, p. 181.

Hall, *El mundo de los Vikingos*, p. 160.

Hall, *El mundo de los Vikingos*, p. 161.

Ben Waggoner, traducción., *The Sagas of Ragnar Lodbrok* (New Haven: The Troth, 2009), p. xiii. *(en inglés)*

Ben Waggoner, traducción., *The Sagas of Ragnar Lodbrok*, p. xi. *(en inglés)*

Ben Waggoner, traducción., *The Sagas of Ragnar Lodbrok*, p. xiii. *(en inglés)*

Ben Waggoner, traducción., *The Sagas of Ragnar Lodbrok*, p. xxiv. *(en inglés)* El manuscrito en cuestión se encuentra en la Biblioteca Real Danesa de Copenhague, MS NkS 1824b 4to.

Este manuscrito se encuentra en la Biblioteca Real Danesa de Copenhague, MS AM 147 4to. Ben Waggoner, traducción., *The Sagas of Ragnar Lodbrok*, p. xxiv. *(en inglés)*

Ben Waggoner, traducción., *The Sagas of Ragnar Lodbrok*, p. xxv. *(en inglés)* Waggoner también señala que el *Hauksbók* se

dividió en sus partes constituyentes y las piezas se catalogaron por separado. La parte que contiene el *Relato de los hijos de Ragnar* ahora se encuentra en el Instituto Arnamagnaean de la Universidad de Copenhague como MS AM 544.

Robert Crawford, *Scotland's Books: A History of Scottish Literature* (Oxford: Oxford University Press, 2009), n. p., *(en inglés)* consultado a través de los Libros de Google <http://google.com/books> 23 de marzo de 2020.

n. a., *Teutonic Forms*, p. 3 *(en inglés)* (PDF visitado en https://www.jsicmail.ac.uk, 23 de marzo de 2020). El PDF parece citar a Turville-Petre, p. xix, como fuente para la definición de *háttlausa,* pero no da una descripción bibliográfica más allá del apellido del autor y el número de página. Es posible que esta información se haya tomado de la obra *Scaldic Poetry* de Gabriel Turville-Petre (Oxford: Clarendon Press, 1976), pág. xxix, pero no tengo acceso a este volumen y, por lo tanto, no puedo confirmar la exactitud de esta suposición.

Ben Waggoner, traducción., *The Sagas of Ragnar Lodbrok*, p. x. *(en inglés)*

Oliver Elton, traducción. *The Nine Books of the Danish History of Saxo Grammaticus.* 2 vols. (Londres: Norroena Society, [1905]). *(en inglés)*

Elton, traducción., *Saxo Grammaticus*, vol. 2, p. 544-5. (en inglés)

Elton, traducción., *Saxo Grammaticus*, vol. 2, p. 550 (episodio de Carlomagno) and 552-4 (episodio de Hellespont). (en inglés)

Winroth, *Age of the Vikings*, p. 134-38. *(en inglés)*

Wolf, *Daily Life*, p. 55. *(en inglés)*

Wolf, *Daily Life*, p. 55. *(en inglés)*

Crawford, *Volsungs*, p. xv. *(en inglés)*

R. Bartlett, «The Viking Hiatus in the Cult of Saints as Seen in the Twelfth Century,» in *The Long Twelfth-Century View of the Anglo-Saxon Past*, editado por Martin Brett y David A. Woodman (Abingdon: Routledge, 2016), p. 18. Bartlett cita el manuscrito F de la obra *Chronicle*, f. 54. «Viking Hiatus» n. 16. *(en inglés)*

Bartlett, *Viking Hiatus*, p. 17-8. *(en inglés)*

Bartlett, *Viking Hiatus*, p. 18. *(en inglés)*

Ben Waggoner, traducción., *The Sagas of Ragnar Lodbrok*, p. xvi-xvii. *(en inglés)*

Crawford, *Volsungs*, p. xix. *(en inglés)*

Albert Welles, *The Pedigree and History of the Washington Family* (Nueva York: Society Library, 1879). *(en inglés)*

Welles, *Washington*, p. iv. *(en inglés)*

En una versión medieval de la saga, Ragnar afirma que tiene quince años en su verso para Thora, pero esta versión no incluye la estancia de Ragnar con Ladgerda. Debido a que incluyo la historia de Ragnar conociendo y casándose con Ladgerda antes de su encuentro con el dragón, he cambiado la edad de Ragnar a dieciocho años para tener en cuenta sus tres años con Ladgerda.

Un kenning para «dragón».

Otro kenning para «dragón».

Un kenning para «negro». También es un juego de palabras con el nombre «Kraka», que significa «cuervo».

Las fuentes originales no son claras sobre la naturaleza exacta de la discapacidad de Ivar. En cierto modo, las descripciones parecen sugerir una forma más leve de enfermedad de los huesos frágiles (osteogénesis imperfecta), pero también podrían referirse al raquitismo. El raquitismo es una enfermedad infantil que produce un ablandamiento de los huesos, causado por la falta de vitamina D. Entre los efectos de este ablandamiento se incluyen la flexión de las piernas y los nudos de las rodillas, lo que afecta la capacidad de caminar. El raquitismo es más común en las latitudes septentrionales debido a la falta de luz solar durante una parte importante del año. También puede deberse a factores genéticos o a que la madre tenga una grave deficiencia de vitamina D durante el embarazo.

El padre de Kraka o Aslaug también tenía la habilidad de entender el habla de los pájaros, que adquirió al probar accidentalmente algo de la sangre del dragón Fafner mientras lo asaba para Regin, el herrero del que Sigfrido era aprendiz y que era hermano de Fafner.

«Fafnirsbane» significa «asesino de Fafnir».

Aunque la saga solo se escribió en tiempos cristianos, uno se pregunta si el pozo de las serpientes tenía la intención de ser algún tipo de referencia al concepto pagano ya sea a Hvergelmir o a Nastrandir. Este último era un lugar en el inframundo nórdico que estaba hecho de serpientes venenosas y el primero era un lugar habitado por una serpiente gigante. Nastrandir era el lugar al que se enviaban las almas de los rompedores de juramentos y asesinos mientras que Hvergelmir era el lugar donde una serpiente gigante consumía las almas de los más malvados. Si esta coincidencia de imágenes entre las creencias paganas y el texto de la saga fuera en efecto intencionada podría añadir aún más degradación al método utilizado para la muerte de Ragnar, ya que indica que Aelle lo veía no como un noble enemigo sino más bien como un deshonrado asesino. También es posible que se pretendiera establecer un vínculo entre Ragnar y Gunter de la *Saga de los volsungos*, quien también encuentra su final en un pozo lleno de serpientes.

Esta es una versión significativamente más corta del Krákumál, un poema de 29 estrofas que se supone es la canción de la muerte de Ragnar. De hecho, el Krákumál es una creación del siglo XII, probablemente escrito en algún lugar de las islas escocesas.

El pago del *wergeld* era una práctica importante en las antiguas sociedades germánicas y escandinavas. La finalidad del *wergeld* era compensar a la víctima —o a la familia de la víctima, si la víctima moría— por los daños sufridos a causa del delito cometido por el agresor. La suma que se debía pagar variaba según la naturaleza de la lesión, el género y la condición social de las partes interesadas. Una vez que se había pagado el *wergeld*, la víctima o su familia tenían que renunciar a cualquier derecho a exigir un pago o a realizar una venganza posterior.

Algunas de las fuentes que consulté decían que «Lundunaborg» era Londres; otras decían que era Lincoln. Ninguna de las dos identificaciones puede ser históricamente exacta ya que tanto Londres como Lincoln se fundaron por los romanos mucho antes de que los vikingos llegaran a Inglaterra. Peter Munch defiende la idea de «Londres» en su obra *Norse Mythology: Legends of Gods and Heroes* (Nueva York: American-Scandinavian Foundation, 1926), p. 251 *(en inglés)*. Katharine F. Boult, por otro lado, afirma que la fortaleza de Ivar era Lincoln. *Asgard & the Norse Heroes* (Londres: J. M. Dent & Sons, Ltd., 1914), p. 253 *(en inglés)*.

Las fuentes medievales no coinciden en lo que implicaron exactamente la tortura y la muerte de Aelle. Algunas parecen indicar que la imagen de un águila se grabó en su espalda, pero otra versión afirma que el «águila» se creó al abrir la caja torácica de la víctima por la espalda y después separar sus pulmones como si fueran alas. El historiador Anders Winroth dice que la dificultad de traducir la versión original en nórdico antiguo ha llevado a otros malentendidos sobre el «águila de sangre». Winroth dice que la interpretación en la que un águila se graba en la espalda de Aelle con un cuchillo también puede ser una mala traducción, aunque él la encuentra gramaticalmente correcta y que podría haber sido la intención original del creador de la saga decir que a Aelle lo mataron y que después su cuerpo se dejó como alimento para las aves de presa. *The Age of the Vikings* (Princeton: Princeton University Press, 2014), p. 36-7 (*en inglés)*.

Citado en la obra de Henry Resnick, *The Hobbit-Forming World of J. R. R. Tolkien*, The Saturday Evening Post (2 July 1966), p. 94 *(en inglés)*. Tolkien fue menos optimista acerca de las influencias celtas en su trabajo y se ofendió cuando un primer revisor de *The Silmarillion* dijo que habían notado una influencia celta. Marjorie J. Burns, *Perilous Realms: Celtic and Norse in Tolkien's Middle-earth* (Toronto: University of Toronto Press, 2005), n.p., consultado en Google Books, el 18 de marzo de 2020 <http://www.google.com/books> *(en inglés)*.

Humphrey Carpenter, *J.R.R. Tolkien: una biografía* (Boston: Houghton Mifflin Company, 1977), p. 22, 35-36.

Carpenter, *Tolkien*, p. 34-5.

Carpenter, *Tolkien*, p. 71.

Carpenter, *Tolkien*, p. 111, 200.

J. R. R. Tolkien, "On Fairy-Stories," in *Essays Presented to Charles Williams* (London: Oxford University Press, 1947), p. 64. (en inglés)

Jonathan Evans, «The Dragon-Lore of Middle Earth: Tolkien and Old English and Old Norse Tradition,» in *J. R. R. Tolkien and His Literary Resonances: Views of Middle Earth*, ed. George Clark and Daniel Timmons (Westport: Greenwood Press, 2000), 21-38. *(en inglés)*

Evans, *Dragon-Lore*, p. 31. *(en inglés)*

Margaret Schlauch, traducción., *The Saga of the Volsungs: The Saga of Ragnar Lodbrok Together with the Lay of Kraka* (Nueva York: The American Scandinavian Foundation, 1930), p. 96 *(en inglés)*; J. R. R. Tolkien, *El hobbit* (Boston: Houghton Mifflin Company, 1966), p. 262.

Schlauch, *Volsungs*, p. 95 *(en inglés)*; Tolkien, *El hobbit*, p. 240.

Tolkien, *El hobbit*, p. 261.

Schlauch, *Volsungs*, p. 101 *(en inglés)*.

Schlauch, *Volsungs*, p. 96-7 *(en inglés)*.

J. R. R. Tolkien, *El Silmarillion*, ed. Christopher Tolkien (Boston: Houghton Mifflin Company, 1977), p. 213-14.

Tolkien, *El Silmarillion*, p. 214

Tolkien, *El Silmarillion*, p. 223

Tolkien, *El Silmarillion*, p. 225

Tolkien, *El Silmarillion*, p. 225

Tolkien, *El hobbit*, p. 25.

Tolkien, *El hobbit*, p. 234.

Tolkien, *El hobbit*, p. 235.

Tolkien, *El hobbit*, p. 235.

Schlauch, *Volsungs*, p. 96-9.

# El choque de la historia y el drama en la serie de televisión Vikingos del canal History

La serie de televisión *Vikingos*, escrita y producida por Michael Hirst, duró seis temporadas con 79 episodios entre 2013 y 2019. En el momento de escribir el presente libro, se prevé que en 2020 la sexta temporada se amplíe en diez episodios. La serie, basada en una gran cantidad de investigación histórica, sigue la vida y las obras de Ragnar Lodbrok (Travis Fimmel), de su esposa Ladgerda (Katheryn Winnick), de su hermano Rollo (Clive Standen) y de otros personajes vikingos que vivían en el pueblo escandinavo de Kattegat a finales del siglo VIII.

 La serie ha recibido elogios por sus altos valores de producción y su sólida escritura,[cvii] aunque también ha sido objeto de críticas por sus numerosas inexactitudes históricas, que probablemente se derivan, al menos en parte, de la necesidad de los guionistas de estructurar los episodios y las temporadas de acuerdo con las exigencias del género de la serie televisiva.[cviii] Las interacciones entre la historicidad, la inexactitud histórica, la ficción de reciente creación y el texto de la *Saga de Ragnar Lodbrok* en *Vikingos* es algo que vale la pena explorar. Sin embargo, no me propongo analizar toda la serie aquí; en su lugar, me centraré en unos pocos aspectos de la primera temporada que ilustran este tipo de ricas interacciones.

La inspiración básica para la serie *Vikingos* fue la *Saga de Ragnar Lodbrok* y su continuación en el *Relato de los hijos de Ragnar*, junto con la historia de la temprana época vikinga. Aunque la serie incorpora algunos de los detalles y personajes de la saga, no sigue la trama de la saga con fidelidad. En su lugar, la saga de Ragnar y la historia vikinga real ofrecen algo así como un marco básico en el que basar la serie. Esto se hizo de acuerdo con el deseo de Hirst de crear un drama factible «basado en la investigación y el registro histórico» y no con hacer un documental o una adaptación directa de la saga de Ragnar.[cix] Por lo tanto, Hirst tuerce y remodela tanto la saga como la historia vikinga para permitir que el Ragnar de la serie participe en los acontecimientos que habrían ocurrido mucho antes del nacimiento del Ragnar histórico e interactúe con otros personajes, tanto históricos como de reciente creación, que no tienen ninguna conexión con la saga o que existen dentro de la saga, pero que tienen diferentes interacciones con Ragnar y con algunos de los otros personajes.

Hay varias razones por las que fue más fructífero para Hirst tomar prestada la idea de Ragnar de la saga, pero no reproducir la saga en sí. Una tiene que ver con la duración: la saga original no daría a los creadores de la serie tanto material con el que trabajar como la creación de una nueva historia basada en la saga como trampolín. Otra tiene que ver con el deseo de un mínimo de historicidad: aunque podríamos asociar la época vikinga con cosas como los dragones, los dragones nunca han existido. Ni tampoco existieron las vacas mágicas que asustan a un ejército de guerreros. Existe una limitación en el grado en que uno puede crear una serie histórica y al mismo tiempo reproducir la *Saga de Ragnar Lodbrok* tal y como aparece.

Sin embargo, una razón más importante para incorporar elementos de la trama y personajes no históricos tiene que ver con la estructura de la historia y las expectativas del público. La *Saga de Ragnar Lodbrok*, como la mayoría de los cuentos de su tipo, tiene una estructura episódica, en la que la historia se compone de una serie de escenas conectadas, o episodios, que nos mueven de un extremo a otro de la historia. En el caso de la *Saga de Ragnar Lodbrok*, estos episodios se componen de eventos de la vida de Ragnar que lo mueven desde el punto en el que se convierte en rey después de la muerte de su padre, a través de su matrimonio con Ladgerda, hasta la matanza del dragón, y así sucesivamente, hasta el final cuando muere ejecutado a manos del rey Aelle. La estructura episódica es una forma válida de contar una historia, pero no es la forma en la que se componen la mayoría de los entretenimientos visuales modernos.

Los dramas modernos suelen tener una estructura dramática de tres actos, que es el formato que el público occidental espera de las películas y la televisión, ya que se supone que da una forma satisfactoria a la historia que se cuenta. En la estructura dramática, el primer acto introduce al protagonista y muestra un acontecimiento incitante que requiere que el protagonista haga algo al introducir un problema que se debe resolver. El segundo acto contiene la «carne» de la historia, donde se desarrolla el conflicto principal y los conflictos subsidiarios entre el protagonista y los demás personajes. Desde el acontecimiento incitante hasta el acto 2 y en el acto 3, el principio estructural del aumento de la tensión exige que lo que está en juego, la acción y el conflicto sigan aumentando hasta la batalla final (que puede o no implicar un combate físico real, según la historia que se cuente) en el acto 3.

Una vez resuelto el conflicto principal del drama, lo que queda es el desenlace, donde se cierra la historia. En el caso de una serie en curso que tiene un arco dramático más grande, el desenlace de un episodio puede funcionar tanto como un final para ese episodio en sí como un trampolín para el siguiente. Los episodios que terminan en cliffhangers carecen de un desenlace, ya que el cliffhanger suspende la historia en medio de la acción y deja el desenlace para el episodio que concluye la historia en su totalidad.

Algunas de las inexactitudes y desviaciones históricas de la saga medieval de Ragnar Lodbrok en la serie *Vikingos* son probablemente el resultado de que los guionistas quieran atenerse a los principios subyacentes de la estructura dramática, que requiere un conflicto entre un protagonista y un antagonista claramente definidos que se mueven a lo largo de la historia participando en una acción que se ajusta al principio del aumento de la tensión. Los guionistas también deben seguir un principio denominado «mostrar, no contar», en el que la exposición importante se hace de otra manera que a través de los diálogos de los personajes o la voz que explica la situación al público. Aunque «mostrar, no contar» sea también un principio para las obras escritas como las novelas, es especialmente importante para el cine y la televisión, que son los medios visuales.

En la primera temporada de *Vikingos*, Ragnar —que aquí es un granjero y un hombre de familia que vive en la aldea de Kattegat, no el hijo de un rey como en la saga— está trabajando junto con su amigo, el excéntrico armador Floki (Gustaf Skarsgård), para construir un nuevo tipo de barco que sea capaz de navegar por el Atlántico Norte y sobrevivir al mal tiempo. Ragnar tiene la intención de navegar hacia el oeste para ver qué puede encontrar, porque está cansado de hacer incursiones en el este. Sin embargo, el conde Haraldson (Gabriel Byrne), el noble local que domina el Kattegat, no quiere que Ragnar haga este viaje. Haraldson siente envidia del espíritu emprendedor de Ragnar porque ve a Ragnar como una competencia por la lealtad de los hombres bajo su jurisdicción.

Ragnar desobedece la orden directa del conde de no navegar hacia el oeste. Ragnar y Floki, junto con el hermano de Ragnar,

Rollo, y otros hombres, navegan en el nuevo barco de Floki hacia Inglaterra. En el viaje, se enfrentan a una gran tormenta que podría haber destruido otros barcos, pero este barco supera la tormenta con éxito. Floki está eufórico de que su diseño funcione como está previsto. Los vikingos atracan su barco en la isla sagrada de Lindisfarne, frente a la costa de Inglaterra. Allí desembarcan, saquean el monasterio de Lindisfarne, matan a algunos de los monjes y se llevan a otros como esclavos. Entre los cautivos está Athelstan (George Blagden), un joven monje inglés que se convierte en el esclavo de Ragnar y después en su amigo.

Aunque la incursión y la prueba del diseño de la nave de Floki son exitosos, no todo les va bien. Cuando los vikingos regresan a casa, el conde Haraldson está enfadado porque Ragnar le desobedeció, así que confisca el tesoro que Ragnar y sus amigos robaron del monasterio. El conflicto entre el conde y Ragnar entonces impulsa los eventos por el resto de la temporada, en paralelo con un importante conflicto secundario entre Ragnar y su hermano, Rollo, que está celoso del liderazgo de su hermano, y también con la relación en desarrollo entre Ragnar y Athelstan.

En esta brevísima sinopsis de los dos primeros episodios de la primera temporada, ya podemos contemplar varias inexactitudes históricas —algunas de ellas bastante evidentes— así como varias desviaciones del texto de la saga original. La primera serie de inexactitudes se refiere a los elementos de la incursión prohibida de Ragnar. En concreto, se trata de la idea de que Gran Bretaña era una *terra nova* para los vikingos, la idea de que los vikingos no tenían ya barcos capaces de navegar por el Atlántico Norte incluso en caso de tormenta y el conflicto entre la fecha de la incursión histórica real en Lindisfarne y la vida del Ragnar histórico o el Ragnar mencionado en las crónicas contemporáneas.

La histórica incursión en Lindisfarne ocurrió en el año 793, mientras que el hombre o el personaje compuesto que se convirtió en el protagonista de la *Saga de Ragnar Lodbrok* vivió a mediados del siglo IX. Es probable que el Ragnar histórico ni siquiera hubiera nacido cuando se produjo la incursión en Lindisfarne y ni las crónicas medievales ni la saga de Ragnar mencionan ningún viaje a Inglaterra, salvo el último y fatal ataque de Ragnar a Northumbria. También parece poco probable que la tecnología de construcción naval vikinga no fuera capaz de soportar el Atlántico Norte hasta el momento en el que Lindisfarne fue atacado o que los vikingos no supieran ya algo sobre lo que había al oeste de sus costas antes de ese momento.

Al incorporar estos tres conceptos en la primera parte de *Vikingos*, Hirst está creando importantes apuestas para Ragnar y el resto de los personajes. Una de las apuestas es que Ragnar navegue en un barco no probado hacia tierras desconocidas, lo que es mucho más emocionante que usar una tecnología ya conocida para navegar hacia un lugar que todo el mundo conoce. Hirst también utiliza los planes de Ragnar de navegar hacia el oeste en un viaje de exploración y saqueo con el fin de introducir la relación entre Ragnar y Floki, que al principio se centra en el nuevo diseño del barco y también en la relación entre Ragnar y Rollo, que será una fuente de conflicto continuo para la mayor parte de las series que siguen. No solo eso, sino que al aprovechar el famoso asalto a Lindisfarne se sitúa el asalto ficticio de Ragnar de *Vikingos* en el mapa histórico y, por así decirlo, se coloca al personaje principal en el centro de los acontecimientos que son históricamente significativos y relativamente bien conocidos. Esto tiene el efecto de elevar el estatus del protagonista con respecto a este elemento particular de su aventura.

Además de manipular los acontecimientos históricos para sus propios fines, Hirst también manipula a personajes históricos, principalmente a Ragnar, pero también a otros. Por ejemplo, un vikingo llamado Rollo, de hecho, existió, aunque no tenía relación con Ragnar. Se cree que este Rollo participó en el asedio vikingo a París en el año 885, un evento que Hirst también incorporó a su serie de televisión a partir de la temporada 3. El Rollo histórico no solo estuvo activo en ese asedio; de hecho, en el año 885 ya había sido un azote para el norte de Francia durante casi una década, tras haber establecido una base en Ruan alrededor del año 876.[cx] Rollo realizó muchas incursiones hasta que finalmente fue derrotado en el año 911, cuando intentó tomar Chartres. Un acuerdo de paz con el rey francés le dio a Rollo el control del área alrededor de Ruan a cambio del cese de las incursiones y la conversión de Rollo al cristianismo.[cxi] El Rollo de Hirst también se convierte al cristianismo como parte de un acuerdo de paz, pero esto ocurre en relación con otra incursión en Inglaterra en el episodio de la temporada 1 «El rescate de un rey».

Al traer a Rollo al mundo de la serie *Vikingos*, Hirst crea un importante punto de conflicto para Ragnar. El Rollo de Hirst tiene una relación incómoda con su hermano y duda si trabajar con él como aliado o si trabajar contra él como enemigo. La pregunta de si Rollo ayudará o dificultará (o incluso matará) a Ragnar añade emoción a la relación entre estos dos personajes y aumenta el número de historias posibles y subtramas disponibles para el escritor.

El último elemento a examinar es el personaje del conde Haraldson y su relación con Ragnar. A diferencia de Ragnar o Rollo, el conde no se basa en una figura histórica ni aparece en la *Saga de Ragnar Lodbrok*. En cambio, Haraldson es un personaje completamente ficticio creado por Hirst específicamente para esta serie. Algunos comentaristas consideran que el personaje de Haraldson es uno de los aspectos más problemáticos de la serie, no porque esté completamente inventado, sino por la forma en la que se le retrata y la forma en la que interactúa con Ragnar y las otras personas sobre las que gobierna.

En su reseña de 2014 de la serie, George Sim Johnston del *American Spectator* se mostró especialmente indignado por el personaje del conde.[cxii] Entre las faltas encontradas por Johnston estaba el uso de un patronímico («Haraldson») como si fuera un apellido o incluso un nombre, cuando en realidad a los vikingos de este período se les suele llamar por sus nombres de pila; por ejemplo, a Leif Eiriksson se le llama en la literatura histórica «Leif», no «Eiriksson». Pero lo más indignante para Johnston fue el comportamiento del conde hacia Ragnar y el pueblo de Kattegat porque Haraldson «gobierna como un señor feudal y domina la asamblea gobernante, intimidando y amenazando a todo el mundo».

Como Johnston señala en su reseña, este comportamiento va en contra de lo que conocemos sobre el gobierno vikingo de este período. Los modos de gobierno feudales y autoritarios no se emplearon hasta el final de la época vikinga y surgieron en parte por la adopción del cristianismo por los nobles escandinavos.[cxiii] Al principio de este período, la autoridad del jefe derivaba de su habilidad para convencer a los guerreros de que se unieran a él y lo siguieran. Además, los guerreros no habrían visto al cacique como a alguien muy superior a ellos de ninguna manera.[cxiv]

Si el conde Haraldson hubiera sido un verdadero líder de finales del siglo VIII, no habría pensado en negarle a Ragnar la oportunidad de asaltar Lindisfarne porque Ragnar no habría necesitado su permiso para ir en primer lugar. Tampoco habría confiscado Haraldson el botín que Ragnar y sus compañeros trajeron de vuelta; hacerlo habría supuesto un rápido final para su liderazgo, ya que quitarle el tesoro que no se había ganado habría sido muy insultante. Además, cuando Ragnar habla en contra de que Haraldson haya condenado a un hombre a la decapitación, Haraldson le dice más tarde a Ragnar que se ha excedido al hablar en contra de él en público. Johnston afirma que el manejo del personaje de Haraldson es «una expresión de los temas a los que los guionistas perezosos son propensos. Cada historia tiene que ser sobre algún joven dinámico (que quiere libertad) en conflicto con un viejo conservador encubierto, que vive de la opresión».[cxv] Sin embargo, lo que impulsa el tropo de un joven explorador contra un viejo opresor que está en juego aquí es la necesidad de tener un antagonista claramente definido que se oponga al protagonista como parte de la estructura básica de la obra.

Johnston puede estar en lo cierto al calificar la labor de Hirst de «perezosa» en este aspecto, ya que bien podría haber sido posible que Hirst creara un fuerte florecimiento para Ragnar sin entrar en un conflicto tan evidente con las verdaderas filosofías vikingas de gobierno. Sin embargo, Hirst se negó a escribir su historia de esa manera y presentó al conde como si tuviera una fuerte autoridad sobre Ragnar y los demás en Kattegat, cuando en realidad el gobierno de la época vikinga temprana era significativamente más democrático. Por ejemplo, en aquella época, todos los hombres libres tenían derecho a hablar sobre cualquier tema que se discutiera y las decisiones se tomaban por sorteo.[cxvi] Un comportamiento como el de Haraldson nunca habría sido tolerado por el verdadero Ragnar o sus contemporáneos.

Aunque las muchas inexactitudes históricas de la serie pueden molestar a los historiadores y críticos, *Vikingos* sigue siendo un drama convincente bien escrito, magníficamente filmado y lleno de buenas actuaciones de un talentoso elenco de actores. En *Vikingos*, vemos la encarnación del proverbio italiano «si non è vero, è ben trovato», que traducido vagamente significa, «aunque no sea verdad, es una buena historia». *Vikingos*, en general, no se ajusta a la realidad en muchos sentidos de la palabra, pero al igual que la *Saga de Ragnar Lodbrok* en la que se inspira la serie de televisión, es una historia muy bien contada.

# Notas sobre el choque de la historia y el drama en la serie de televisión Vikingos del canal History

Kirsten Wolf, *Daily Life of the Vikings* (Westport: The Greenwood Press, 2004), p. 22. *(en inglés)*

Wolf, *Daily Life*, p. 22. *(en inglés)*

Wolf, *Daily Life*, p. 22. *(en inglés)*

Richard Hall, *El mundo de los Vikingos* (Nueva York: Thames and Hudson, 2007), p. 40-43.

Anders Winroth, *The Age of the Vikings* (Princeton: Princeton University Press, 2014), p. 138-9. *(en inglés)*

James Graham-Campbell, ed., *Cultural Atlas of the Viking World* (Oxford: Andromeda, 1994), p. 43. *(en inglés)*

Graham-Campbell, *Cultural Atlas*, pp. 80-83. *(en inglés)*

Wolf, *Daily Life*, p. 8. *(en inglés)*

Wolf, *Daily Life*, p. 10-11. *(en inglés)*

Wolf, *Daily Life*, p. 22-24. *(en inglés)*

Winroth, *Age of the Vikings*, p. 164-65. *(en inglés)*

Las historias de las mujeres guerreras en el relato de Saxo se resumen en la obra de Judith Jesch, *Women in the Viking Age* (Woodbridge: The Boydell Press, 1991) *(en inglés)*, a partir de la página 176.

Charlotte Hendenstierna-Jonson et al., "A Female Viking Warrior Confirmed by Genomics," *American Journal of Physical Anthropology* 164/4 (2017): 853-60.

Hendenstierna-Jonson et al., «Female Viking Warrior», p. 855. *(en inglés)*

Hendenstierna-Jonson et al., «Female Viking Warrior», p. 855-57. *(en inglés)*

Hall, *El mundo de los Vikingos*, p. 34.

Jesch, *Women in the Viking Age*, pp. 183-85. *(en inglés)*

Wolf, *Daily Life*, p. 13. *(en inglés)*

Wolf, *Daily Life*, p. 8-9. *(en inglés)*

Wolf, *Daily Life*, p. 10. *(en inglés)*

Wolf, *Daily Life*, p. 10. *(en inglés)*

Winroth, *Age of the Vikings*, p. 162-64. *(en inglés)*

Winroth, *Age of the Vikings*, p. 162-64. *(en inglés)*

Winroth, *Age of the Vikings*, p. 163-64. *(en inglés)*

Neil Oliver, *The Vikings: A New History* (Nueva York: Pegasus Books LLC, 2013), p. 108. *(en inglés)*

Winroth, *Age of the Vikings*, p. 123. *(en inglés)*

John Haywood, *Los hombres del Norte: John Haywood, Los hombres del Norte: La saga vikinga 793-1241* (Nueva York: St. Martin's Press, 2015), p. 14.

Wolf, *Daily Life*, p. 24 (en inglés); Graham-Campbell, *Cultural Atlas*, p. 75. *(en inglés)*

Haywood, *Los hombres del Norte*, p. 20-22; Graham-Campell, *Cultural Atlas*, p. 75. *(en inglés)*

Haywood, *Los hombres del Norte*, p. 22.

Graham-Campbell, *Cultural Atlas*, p. 75. *(en inglés)*

Graham-Campbell, *Cultural Atlas*, p. 79. *(en inglés)*

Wolf, *Daily Life*, p. 24. *(en inglés)*

Graham-Campbell, *Cultural Atlas*, p. 78. *(en inglés)*

Graham-Campbell, *Cultural Atlas*, p. 78. *(en inglés)*

Hall, *El mundo de los Vikingos*, p. 33, 99.

Hall, *El mundo de los Vikingos*, p. 101.

Hall, *El mundo de los Vikingos*, p. 101.

Winroth, *Age of the Vikings*, p. 124-27. *(en inglés)*

Graham-Campbell, *Cultural Atlas*, p. 78. *(en inglés)*

Graham-Campbell, *Cultural Atlas*, p. 85. *(en inglés)*

Hall, *El mundo de los Vikingos*, p. 59.

Hall, *El mundo de los Vikingos*, p. 60.

Hall, *El mundo de los Vikingos*, p. 60. Ribe es una ciudad de Dinamarca.

Haywood, *Los hombres del Norte*, p. 42-3.

Haywood, *Los hombres del Norte*, p. 45.

Haywood, *Los hombres del Norte*, p. 45, 88.

Haywood, *Los hombres del Norte*, p. 169-70.

Haywood, *Los hombres del Norte*, p. 40.

Winroth, *Age of the Vikings*, p. 136. *(en inglés)*

Winroth, *Age of the Vikings*, p. 136-39. *(en inglés)*

Winroth, *Age of the Vikings*, p. 136-37. *(en inglés)*

Oliver, *New History*, p. 99-100. *(en inglés)*

Hall, *El mundo de los Vikingos*, p. 54.

Winroth, *Age of the Vikings*, p. 75. *(en inglés)*

Haywood, *Los hombres del Norte*, p. 47.

Haywood, *Los hombres del Norte*, p. 50.

Oliver, *New History*, p. 169. *(en inglés)*

Caroline Taggart, *The Book of English Place Names: How Our Towns and Villages Got Their Names* (n. p.: Ebury Press, 2011), p. 15, 82, 269. *(en inglés)*

Graham-Campbell, *Cultural Atlas*, pp. 190-91. *(en inglés)*; Winroth, *Age of the Vikings*, p. 114. *(en inglés)*

Graham-Campbell, *Cultural Atlas*, pp. 190-91. *(en inglés)*

Graham-Campbell, *Cultural Atlas*, p. 192 *(en inglés)*; Hall, *El mundo de los Vikingos*, p. 97.

Hall, *El mundo de los Vikingos*, p. 150, 152.

Hall, *El mundo de los Vikingos*, p. 151.

Hall, *El mundo de los Vikingos*, p. 181.

Hall, *El mundo de los Vikingos*, p. 160.

Hall, *El mundo de los Vikingos*, p. 161.

Ben Waggoner, traducción., *The Sagas of Ragnar Lodbrok* (New Haven: The Troth, 2009), p. xiii. *(en inglés)*

Ben Waggoner, traducción., *The Sagas of Ragnar Lodbrok*, p. xi. *(en inglés)*

Ben Waggoner, traducción., *The Sagas of Ragnar Lodbrok*, p. xiii. *(en inglés)*

Ben Waggoner, traducción., *The Sagas of Ragnar Lodbrok*, p. xxiv. *(en inglés)* El manuscrito en cuestión se encuentra en la Biblioteca Real Danesa de Copenhague, MS NkS 1824b 4to.

Este manuscrito se encuentra en la Biblioteca Real Danesa de Copenhague, MS AM 147 4to. Ben Waggoner, traducción., *The Sagas of Ragnar Lodbrok*, p. xxiv. *(en inglés)*

Ben Waggoner, traducción., *The Sagas of Ragnar Lodbrok*, p. xxv. *(en inglés)* Waggoner también señala que el *Hauksbók* se dividió en sus partes constituyentes y las piezas se catalogaron por separado. La parte que contiene el *Relato de los hijos de Ragnar* ahora se encuentra en el Instituto Arnamagnaean de la Universidad de Copenhague como MS AM 544.

Robert Crawford, *Scotland's Books: A History of Scottish Literature* (Oxford: Oxford University Press, 2009), n. p., *(en inglés)* consultado a través de los Libros de Google <http://google.com/books> 23 de marzo de 2020.

n. a., *Teutonic Forms*, p. 3 *(en inglés)* (PDF visitado en https://www.jsicmail.ac.uk, 23 de marzo de 2020). El PDF parece citar a Turville-Petre, p. xix, como fuente para la definición de *háttlausa,* pero no da una descripción bibliográfica más allá del apellido del autor y el número de página. Es posible que esta información se haya tomado de la obra *Scaldic Poetry* de Gabriel Turville-Petre (Oxford: Clarendon Press, 1976), pág. xxix, pero no tengo acceso a este volumen y, por lo tanto, no puedo confirmar la exactitud de esta suposición.

Ben Waggoner, traducción., *The Sagas of Ragnar Lodbrok*, p. x. *(en inglés)*

Oliver Elton, traducción. *The Nine Books of the Danish History of Saxo Grammaticus.* 2 vols. (Londres: Norroena Society, [1905]). *(en inglés)*

Elton, traducción., *Saxo Grammaticus*, vol. 2, p. 544-5. (en inglés)

Elton, traducción., *Saxo Grammaticus*, vol. 2, p. 550 (episodio de Carlomagno) and 552-4 (episodio de Hellespont). (en inglés)

Winroth, *Age of the Vikings*, p. 134-38. *(en inglés)*

Wolf, *Daily Life*, p. 55. *(en inglés)*

Wolf, *Daily Life*, p. 55. *(en inglés)*

Crawford, *Volsungs,* p. xv. *(en inglés)*

R. Bartlett, «The Viking Hiatus in the Cult of Saints as Seen in the Twelfth Century» in *The Long Twelfth-Century View of the Anglo-Saxon Past,* editado por Martin Brett y David A. Woodman (Abingdon: Routledge, 2016), p. 18. Bartlett cita el manuscrito F de la obra *Chronicle,* f. 54. «Viking Hiatus» n. 16. *(en inglés)*

Bartlett, *Viking Hiatus*, p. 17-8. *(en inglés)*

Bartlett, *Viking Hiatus*, p. 18. *(en inglés)*

Ben Waggoner, traducción., *The Sagas of Ragnar Lodbrok*, p. xvi-xvii. *(en inglés)*

Crawford, *Volsungs,* p. xix. *(en inglés)*

Albert Welles, *The Pedigree and History of the Washington Family* (Nueva York: Society Library, 1879). *(en inglés)*

Welles, *Washington,* p. iv. *(en inglés)*

En una versión medieval de la saga, Ragnar afirma que tiene quince años en su verso para Thora, pero esta versión no incluye la estancia de Ragnar con Ladgerda. Debido a que incluyo la historia de Ragnar conociendo y casándose con Ladgerda antes de su encuentro con el dragón, he cambiado la edad de Ragnar a dieciocho años para tener en cuenta sus tres años con Ladgerda.

Un kenning para «dragón».

Otro kenning para «dragón».

Un kenning para «negro». También es un juego de palabras con el nombre «Kraka», que significa «cuervo».

Las fuentes originales no son claras sobre la naturaleza exacta de la discapacidad de Ivar. En cierto modo, las descripciones parecen sugerir una forma más leve de enfermedad de los huesos frágiles (osteogénesis imperfecta), pero también podrían referirse al raquitismo. El raquitismo es una enfermedad infantil que produce un ablandamiento de los huesos, causado por la falta de vitamina D. Entre los efectos de este ablandamiento se incluyen la flexión de las piernas y los nudos de las rodillas, lo que afecta la capacidad de caminar. El raquitismo es más común en las latitudes septentrionales debido a la falta de luz solar durante una parte importante del año. También puede deberse a factores genéticos o a que la madre tenga una grave deficiencia de vitamina D durante el embarazo.

El padre de Kraka o Aslaug también tenía la habilidad de entender el habla de los pájaros, que adquirió al probar accidentalmente algo de la sangre del dragón Fafner mientras lo asaba para Regin, el herrero del que Sigfrido era aprendiz y que era hermano de Fafner.

«Fafnirsbane» significa «asesino de Fafnir».

Aunque la saga solo se escribió en tiempos cristianos, uno se pregunta si el pozo de las serpientes tenía la intención de ser algún tipo de referencia al concepto pagano ya sea a Hvergelmir o a Nastrandir. Este último era un lugar en el inframundo nórdico que estaba hecho de serpientes venenosas y el primero era un lugar habitado por una serpiente gigante. Nastrandir era el lugar al que se enviaban las almas de los rompedores de juramentos y asesinos mientras que Hvergelmir era el lugar donde una serpiente gigante consumía las almas de los más malvados. Si esta coincidencia de imágenes entre las creencias paganas y el texto de la saga fuera en efecto intencionada podría añadir aún más degradación al método utilizado para la muerte de Ragnar, ya que indica que Aelle lo veía no como un noble enemigo sino más bien como un deshonrado asesino. También es posible que se pretendiera establecer un vínculo entre Ragnar y Gunter de la *Saga de los volsungos*, quien también encuentra su final en un pozo lleno de serpientes.

Esta es una versión significativamente más corta del Krákumál, un poema de 29 estrofas que se supone es la canción de la muerte de Ragnar. De hecho, el Krákumál es una creación del siglo XII, probablemente escrito en algún lugar de las islas escocesas.

El pago del *wergeld* era una práctica importante en las antiguas sociedades germánicas y escandinavas. La finalidad del *wergeld* era compensar a la víctima —o a la familia de la víctima, si la víctima moría— por los daños sufridos a causa del delito cometido por el agresor. La suma que se debía pagar variaba según la naturaleza de la lesión, el género y la condición social de las partes interesadas. Una vez que se había pagado el *wergeld*, la víctima o su familia tenían que renunciar a cualquier derecho a exigir un pago o a realizar una venganza posterior.

Algunas de las fuentes que consulté decían que «Lundunaborg» era Londres; otras decían que era Lincoln. Ninguna de las dos identificaciones puede ser históricamente exacta ya que tanto Londres como Lincoln se fundaron por los romanos mucho antes de que los vikingos llegaran a Inglaterra. Peter Munch defiende la idea de «Londres» en su obra *Norse Mythology: Legends of Gods and Heroes* (Nueva York: American-Scandinavian Foundation, 1926), p. 251 *(en inglés)*. Katharine F. Boult, por otro lado, afirma que la fortaleza de Ivar era Lincoln. *Asgard & the Norse Heroes* (Londres: J. M. Dent & Sons, Ltd., 1914), p. 253 *(en inglés)*.

Las fuentes medievales no coinciden en lo que implicaron exactamente la tortura y la muerte de Aelle. Algunas parecen indicar que la imagen de un águila se grabó en su espalda, pero otra versión afirma que el «águila» se creó al abrir la caja torácica de la víctima por la espalda y después separar sus pulmones como si fueran alas. El historiador Anders Winroth dice que la dificultad de traducir la versión original en nórdico antiguo ha llevado a otros malentendidos sobre el «águila de sangre». Winroth dice que la interpretación en la que un águila se graba en la espalda de Aelle con un cuchillo también puede ser una mala traducción, aunque él la encuentra gramaticalmente correcta y que podría haber sido la intención original del creador de la saga decir que a Aelle lo mataron y que después su cuerpo se dejó como alimento para las aves de presa. *The Age of the Vikings* (Princeton: Princeton University Press, 2014), p. 36-7 *(en inglés)*.

Citado en la obra de Henry Resnick, *The Hobbit-Forming World of J. R. R. Tolkien*, The Saturday Evening Post (2 July 1966), p. 94 *(en inglés)*. Tolkien fue menos optimista acerca de las influencias celtas en su trabajo y se ofendió cuando un primer revisor de *The Silmarillion* dijo que habían notado una influencia celta. Marjorie J. Burns, *Perilous Realms: Celtic and Norse in Tolkien's Middle-earth* (Toronto: University of Toronto Press, 2005), n.p., consultado en Google Books, el 18 de marzo de 2020 <http://www.google.com/books> *(en inglés)*.

Humphrey Carpenter, *J.R.R. Tolkien: una biografía* (Boston: Houghton Mifflin Company, 1977), p. 22, 35-36.

Carpenter, *Tolkien*, p. 34-5.

Carpenter, *Tolkien*, p. 71.

Carpenter, *Tolkien*, p. 111, 200.

J. R. R. Tolkien, "On Fairy-Stories," in *Essays Presented to Charles Williams* (London: Oxford University Press, 1947), p. 64. (en inglés)

Jonathan Evans, «The Dragon-Lore of Middle Earth: Tolkien and Old English and Old Norse Tradition,» in *J. R. R. Tolkien and His Literary Resonances: Views of Middle Earth*, ed. George Clark and Daniel Timmons (Westport: Greenwood Press, 2000), 21-38. *(en inglés)*

Evans, *Dragon-Lore*, p. 31. *(en inglés)*

Margaret Schlauch, traducción., *The Saga of the Volsungs: The Saga of Ragnar Lodbrok Together with the Lay of Kraka* (Nueva York: The American Scandinavian Foundation, 1930), p. 96 *(en inglés)*; J. R. R. Tolkien, *El hobbit* (Boston: Houghton Mifflin Company, 1966), p. 262.

Schlauch, *Volsungs*, p. 95 *(en inglés)*; Tolkien, *El hobbit*, p. 240.

Tolkien, *El hobbit*, p. 261.

Schlauch, *Volsungs*, p. 101 *(en inglés)*.

Schlauch, *Volsungs*, p. 96-7 *(en inglés)*.

J. R. R. Tolkien, *El Silmarillion*, ed. Christopher Tolkien (Boston: Houghton Mifflin Company, 1977), p. 213-14.

Tolkien, *El Silmarillion*, p. 214

Tolkien, *El Silmarillion*, p. 223

Tolkien, *El Silmarillion*, p. 225

Tolkien, *El Silmarillion*, p. 225

Tolkien, *El hobbit*, p. 25.

Tolkien, *El hobbit*, p. 234.

Tolkien, *El hobbit*, p. 235.

Tolkien, *El hobbit*, p. 235.

Schlauch, *Volsungs*, p. 96-9.

Véase, por ejemplo, Phelim O'Neill, «Vikings: Don't Dismiss This Show as Game of Thrones-Lite,» *The Guardian* (23 de mayo de 2014), <https://www.theguardian.com/tv-and-radio/tvandradioblog/2014/may/23/vikings-review-history-channel-game-of-thrones>, consultado el 9 de marzo de 2020. *(en inglés)*

Véase, por ejemplo, George Sim Johnston, «The History Channel Gets *Vikings* Precisely Wrong,» *The American Spectator* (12 de marzo de 2013), <https://spectator.org/33770_history-channel-gets-vikings-precisely-wrong/>, consultado el 9 marzo de 2020. *(en inglés)*

Michael Hirst, «Foreword» en la obra The World of Vikings por Justin Pollard (San Francisco, Chronicle Books, 2015), p. 5. *(en inglés)*

John Haywood, *Los hombres del Norte: La saga vikinga 793-1241* (Nueva York: St. Martin's Press, 2015), p. 98.

Haywood, *Los hombres del Norte*, p. 99-100.

Johnston, «The History Channel». *(en inglés)*

Johnston, «The History Channel». *(en inglés)*

Anders Winroth, *The Age of the Vikings* (Princeton: Princeton University Press, 2014), p. 143-9. *(en inglés)*

Winroth, *Age of the Vikings*, p. 136. *(en inglés)*

Johnston, «The History Channel». *(en inglés)*

James Graham-Campbell, ed., *Cultural Atlas of the Viking World* (Oxford: Andromeda, 1994), p. 43. *(en inglés)*

# Apéndice: La historia de Sigfrido y Brunilda

*La* Saga de los volsungos *es un cuento épico de varias generaciones de una sola familia. Se escribió por primera vez en el siglo XIII, pero la historia es considerablemente más antigua. El cuento completo se conserva tanto en la* Edda poética *como en otra fuente bajo el título de* Saga de los volsungos. *La* Edda prosaica *también contiene un resumen de la historia.*

*La familia cuya historia se relata en esta saga lleva el nombre de Volsung, un héroe que desciende del dios nórdico Odín. La primera parte de la historia cuenta la historia de los antepasados de Volsung antes de lanzarse a la historia de su propia familia y descendientes.*

*Kraka o Aslaug, la tercera esposa de Ragnar, es hija del volsungo Sigfrido y la valquiria Brunilda. La función de Kraka o Aslaug dentro de la historia de Ragnar es elevar el estatus de héroe de Ragnar al vincularlo con los volsungos por medio del matrimonio.*

*El siguiente resumen no cubre la saga completa de los volsungos. En su lugar, presenta solo la parte que tiene que ver con Sigfrido y Brunilda, que es la sección relevante para la saga de Ragnar.*

Sigfrido es el hijo del héroe Sigmund, que a su vez es el hijo de Volsung. El padre adoptivo de Sigfrido es un herrero llamado Regin, que se encarga de la educación del niño. Un día, Regin le pregunta a Sigfrido por el tesoro de su padre y quién lo guarda. Sigfrido le dice a Regin que su riqueza está custodiada por el rey. En otra ocasión, Regin le dice a Sigfrido que le pida un caballo al rey; Sigfrido lo hace y el rey accede a darle uno de sus propios caballos.

Al día siguiente, Sigfrido va caminando por el bosque de camino a elegir un caballo, cuando se encuentra con un anciano. El anciano le pregunta a Sigfrido hacia dónde se dirige. Sigfrido le dice que va a elegir un caballo y le pide consejo al anciano. Este le dice a Sigfrido que lleve los caballos a un río cercano. (La historia no explica de dónde vienen los caballos, pero evidentemente no pertenecen al rey). Sigfrido lo hace y todos los caballos cruzan a nado excepto un caballo gris. El anciano le dice a Sigfrido que se quede con ese caballo; le explica que desciende de Sleipnir, el caballo del propio Odín, y que aún no ha sido montado por nadie. Sigfrido llama al caballo Grani. El anciano le dice a Sigfrido que cuide bien del caballo para que con el tiempo se convierta en el mejor semental del mundo. Entonces el hombre desaparece; en realidad se trataba del dios Odín.

Sigfrido vuelve a casa, donde Regin le pregunta de nuevo sobre su riqueza, que Regin parece pensar que se le niega injustamente a Sigfrido. Entonces Regin le dice a Sigfrido que él sabe cómo Sigfrido puede conseguir una gran cantidad de tesoros y fama. Regin sugiere que Sigfrido mate al dragón Fafner y se lleve su oro. Sigfrido se niega a hacerlo. Regin se burla de él, pero Sigfrido le recuerda que aún es muy joven y que no se puede esperar que vaya tras los dragones, sea cual sea su linaje. Regin recapacita y se ofrece a contarle a Sigfrido la historia de Fafner, y Sigfrido le pide que la cuente.

Regin explica cómo su hermano Ódder podía transformarse en una nutria y a menudo se iba a pescar a un lugar donde el enano Andvari vivía en forma de lucio. Un día, Ódder atrapa un salmón y cuando sale a la orilla del río, es asesinado por Loki. Loki despelleja a Ódder y le lleva la piel a su padre, Hreidmar. Hreidmar reclama una recompensa por el asesinato de su hijo. Loki regresa al río, le quita el tesoro a Andvari y lo trae como recompensa por la muerte de Ódder. Este tesoro incluye un hermoso anillo de oro, que tendrá un papel importante en el resto de la saga que sigue. Andvari maldice el tesoro, diciendo que quienquiera que lo posea morirá.

Loki le entrega el oro a Hreidmar, que luego es asesinado por su hijo, Fafner. Fafner se lleva el tesoro a las tierras salvajes, donde encuentra una cueva. Coloca el tesoro en la cueva y se transforma en un dragón. Desde entonces, Fafner duerme en la cueva encima de su tesoro. Regin dice que, al tomar el tesoro, Fafner lo ha privado de su legítima herencia y le ha obligado a ir al rey para pedirle empleo.

Después de escuchar el relato, Sigfrido se enfada en nombre de Regin y le pide al herrero que le haga una espada porque ahora jura matar a Fafner. Regin la hace, pero cuando Sigfrido golpea un yunque con ella, la espada se rompe. Lo mismo ocurre con la segunda espada. Sigfrido se dirige entonces a su madre y le pide los fragmentos de la espada Gram, que había pertenecido a su padre. Sigfrido lleva los fragmentos a Regin y le pide que vuelva a forjar una espada, esta vez con los restos de Gram. Cuando Gram se vuelve a reconstruir, Sigfrido la prueba contra el yunque, como lo había hecho con las otras espadas y esta vez el yunque se parte en dos.

Regin le recuerda a Sigfrido que él prometió matar a Fafner si Regin le hacía una espada. Sigfrido dice que cumplirá su promesa, pero no antes de vengar a su padre, que había muerto en una batalla contra el rey Lyngi. Sigfrido va al país de Lyngi y comienza a saquear y quemar. Lyngi se enfrenta a Sigfrido con su ejército, que Sigfrido derrota con la ayuda de sus amigos. Al final de la batalla, Sigfrido mata a Lyngi.

Sigfrido entonces vuelve a casa y le dice a Regin que mantendrá su palabra sobre Fafner. Regin le aconseja a Sigfrido que cave una fosa junto al río y que espere a que Fafner pase por encima de ella cuando vaya a beber agua. Cuando el vientre de Fafner esté sobre la fosa, Sigfrido lo apuñalará en el corazón y lo matará. Sigfrido le dice a Regin que cree que este no es un buen plan porque la sangre del dragón fluirá en la fosa y lo ahogará. Regin se burla de Sigfrido, diciendo que es un cobarde y no digno de ser un volsungo.

Desafiado por esto, Sigfrido decide cavar la fosa y arriesgarse. Mientras está cavado, Regin huye y se esconde. Entonces un anciano se acerca y le pregunta a Sigfrido qué está haciendo. Cuando Sigfrido explica su plan, el anciano le dice que cave más de una fosa para que la sangre se escurra en las otras, pero no en la que se encuentra Sigfrido.

Sigfrido termina de cavar las fosas y elige a una para esperar. Cuando el dragón va al río, pasa por encima de la fosa en la que está sentado Sigfrido. Sigfrido clava su espada hasta la empuñadura en la axila del dragón. El dragón se retuerce en agonía. Sigfrido salta de la fosa y recupera su espada, pero cuando lo hace, sus brazos se cubren con la sangre del dragón.

Mientras el dragón se está muriendo, le pregunta a Sigfrido quién es él. Al principio, Sigfrido evade la pregunta y se llama a sí mismo la «Noble Bestia», pero finalmente le revela a Fafner su nombre y su linaje. Mientras Fafner se está muriendo, lanza una maldición sobre su tesoro.

Una vez muerto Fafner, Regin regresa. Le arranca el corazón a Fafner y bebe un poco de la sangre del dragón. Luego le da el corazón a Sigfrido y le pide que lo ase por él, cosa que Sigfrido hace. Cuando el corazón ya está casi listo, Sigfrido lo toca para ver si está bien cocinado y se quema el dedo. Se mete el dedo en la boca y como lleva la sangre del dragón, Sigfrido adquiere la capacidad de entender el habla de los pájaros. Los pájaros profetizan sobre el futuro de Sigfrido. Dicen que Regin tiene la intención de traicionarlo y que Sigfrido debería matarlo. Sigfrido sigue el consejo de los pájaros y le corta la cabeza a Regin. Después, se come parte del corazón del dragón asado y se guarda el resto para más tarde. Luego va a la guarida de Fafner y se lleva todo el tesoro. Entre el oro, encuentra un yelmo de terror y otras armas encantadas. El oro de Fafner es tan abundante que solo dos o tres caballos lograrían llevarlo, pero Grani puede transportarlo todo él solo, y a Sigfrido también.

Sigfrido sale de la cueva de Fafner y descubre a Brunilda dormida, vestida con una armadura y acostada sobre una muralla de escudos. Al principio, Sigfrido piensa que se trata de un hombre, pero cuando le quita el casco, descubre que es una mujer. Sigfrido entonces le quita la armadura a Brunilda, al arrancarle la cota de malla con su espada. Brunilda se despierta y pregunta si el hombre que le quitó la armadura es Sigfrido. Sigfrido le dice que sí.

Brunilda le explica que ella es una valquiria a la que Odín sometió a un sueño encantado porque había matado a alguien que Odín no quería que muriera. Odín también hizo que su destino fuera casarse. Brunilda le dice a Sigfrido que ella aceptó las condiciones de Odín, pero que solo se iba a casar con un hombre que no tuviera miedos, y el único hombre como ese era Sigfrido, el hijo de Sigmund. Sigfrido le pide a Brunilda que le enseñe cosas sabias y ella le responde con un extenso poema de runas y le cuenta cómo se pueden hacer diferentes tipos de magia. Entonces Sigfrido responde con un verso propio, para agradecerle a Brunilda. Después, Brunilda continúa (en prosa) dando a Sigfrido todo tipo de buenos consejos. Sigfrido queda tan impresionado que le pide matrimonio a Brunhilda y ella acepta.

Sigfrido deja a Brunilda y se dirige a la corte de un rey llamado Heimir, que está casado con la hermana de Brunilda. A Sigfrido se le da una gran bienvenida. Algún tiempo después, Brunilda llega a la corte de Heimir y se instala en una parte separada de la finca. Sigfrido la ve un día y su amor por ella vuelve a zarpar. Va a visitarla y trata de convencerla de que cumpla la promesa que se hicieron el uno al otro y se case con él, pero Brunilda le dice que no están destinados a casarse. Brunilda le dice a Sigfrido que él se casará con Gudrun, la hija del rey Gebica. Sigfrido insiste en que se casará con Brunilda y le entrega un anillo de oro como garantía de su fidelidad; se trata del anillo de Andvari, el anillo maldito del tesoro de Fafner. Brunhilda también le promete su fidelidad a Sigfrido.

Un día, Gudrun viene a visitar a Brunilda a la corte de Heimir. Gudrun y Brunilda hablan de los guerreros famosos y Brunilda elogia a Sigfrido por su destreza. Gudrun le cuenta a Brunilda un sueño que tuvo, que Brunhilda interpreta como una predicción del futuro y le dice a Gudrun que se casará con Sigfrido y que por ello le ocurrirán muchas otras desgracias. Gudrun se pone muy triste después de escuchar esto.

Entonces Sigfrido deja la corte de Heimir y va a la del rey Gebica, donde se le recibe muy bien y se hace amigo de los hermanos de Gudrun, Gunter y Hogni. La madre de Gudrun, Grimhilda, quiere a Sigfrido como marido para su hija, así que le da a Sigfrido una bebida con una poción que le hace olvidar a Brunilda y luego anima a su marido a conseguir a que Sigfrido se case con su hija. El rey Gebica está de acuerdo y en un festín después de que Sigfrido se bebiera la poción, Gebica le ofrece la mano de Gudrun. Sigfrido acepta, y Gunter y Hogni le juran hermandad.

Grimhilda entonces va a Gunter y le anima a pedir la mano de Brunilda. Se dirigen al padre de Brunilda, el rey Budli, y le preguntan si Gunter puede casarse con Brunilda. Budli está de acuerdo, siempre y cuando Brunilda acepte. Sigfrido y Gunter van a la finca de Heimir, donde vive Brunilda en un salón protegido por un muro de llamas. Cuando Gunter no puede cabalgar a través de las llamas, intercambia formas con Sigfrido. Sigfrido cabalga a través de las llamas en la forma de Gunter y Brunhilda no sospecha de ello. Brunilda es reacia a decir que sí; ella es una valquiria, después de todo, y quiere volver a la batalla. Sigfrido, que está en la forma de Gunter, le recuerda que ella dijo que se casaría con el hombre que podría cabalgar a través de las llamas y Brunilda le responde que ella mantendrá esa promesa. Sigfrido acepta el anillo Andvari de Brunhilda y le da otro anillo del tesoro de Fafner a cambio.

Aún en la forma de Gunter, Sigfrido se queda con Brunilda durante cuatro días y cuando duermen juntos, él coloca una espada entre ellos. Sigfrido cabalga de regreso con sus amigos y otra vez se intercambia de forma con Gunter. Brunilda se dirige a Heimir y le dice que está embarazada de una hija, Aslaug, y hace que Heimer se convierta en el padre adoptivo de Aslaug. Brunilda, Gunter y Sigfrido vuelven a la corte del rey Budli, donde se celebra el matrimonio de Brunilda con Gunter. Durante el banquete, la memoria de Sigfrido regresa y se da cuenta de lo que ha hecho. Algún tiempo después de la boda, Gudrun y Brunilda bajan juntas al río a nadar. Gudrun le muestra a Brunilda el anillo de Andvari, que Sigfrido le había dado; Brunilda reconoce el anillo, pero no dice nada. Más tarde, Gudrun y Brunilda discuten sobre quién tiene el mejor marido. Gudrun dice que sabe de los votos de Sigfrido a Brunilda y se burla de ella con la historia de que Gunter y Sigfrido se habían intercambiado de forma para que Gunter se casara con Brunilda. Brunilda advierte a Gudrun que pagará por su malicia y la traición que Brunilda ha sufrido a manos de Gudrun y su familia, pero también dice que ama a Gunter y tiene la intención de serle fiel.

Brunilda se deprime y ya no se levanta de la cama. Cuando Gunter le pregunta qué es lo que sucede, Brunilda le dice que sabe sobre el engaño de Gunter y cómo se cambió de forma con Sigfrido. Dice que está abatida porque ha roto su promesa a Sigfrido y que no se casó con el hombre con el que se suponía que debía casarse. Cuando Brunilda amenaza con matar a Sigfrido y a Gunter, Hogni la encadena, pero Gunter la libera.

A partir de ese momento, Brunilda entra en luto. Gudrun trata de animarla, pero no lo logra, al igual que Gunter. Hogni lo intenta también, pero sin resultado. Gunter le pide a Sigfrido que la visite, pero Sigfrido no responde. Al día siguiente, Sigfrido la visita y trata de animarla. Brunilda le reprocha que la haya traicionado. Discuten y Brunilda le dice que desearía poder matar a Sigfrido. Sigfrido confiesa que todavía la ama con locura y que quiere que sea su esposa. Brunilda le asegura que no dejará a Gunter. Sigfrido protesta por el hecho de haber sido hechizado cuando llegó a la corte del rey Gebica y que ninguno de los engaños fue culpa suya. Brunilda dice que ahora ella no quiere ni a Sigfrido ni a Gunter.

Después de que Sigfrido se marche, Gunter va a hablar con Brunilda. Brunilda predice que por lo que ha pasado, uno de los tres morirá. O bien será la propia Brunilda, o bien será Gunter o Sigfrido. Más tarde, Brunilda le dice a Gunter que ella regresará a la corte de Heimir y se quedará allí para siempre si Gunter no mata a Sigfrido, pero Gunter no puede hacerlo porque le ha hecho un juramento de hermandad a Sigfrido. Gunter se reúne con Hogni para decidir qué hacer. Se ponen de acuerdo en pedirle a su hermano menor, Guttorm, que lo haga ya que él no había prestado este juramento. Su justificación para matar a Sigfrido es que tuvo sexo con Brunilda durante los cuatro días que pasó con ella.

Gunter y Hogni preparan comida y bebida mágica para hacer que Guttorm se vuelva violento y quiera matar a Sigfrido. Guttorm va al cuarto de Sigfrido y lo apuñala mientras duerme con Gudrun a su lado. El golpe despierta a Sigfrido, quien toma su espada y se la lanza a Guttorm mientras él huye. La espada corta a Guttorm por la mitad, matándolo. Gudrun se despierta y se encuentra cubierta de la sangre de Sigfrido, mientras que el propio Sigfrido se está muriendo. Al morir, Sigfrido le dice a Gudrun que se había comportado bien con Gunter y que Brunilda está detrás de su asesinato.

Gunter acude a Brunilda y le ofrece su recompensa en oro por la muerte de Sigfrido. Brunilda se niega a aceptarla. Entonces le traen todo su oro y lo amontonan en una pila grande. Brunilda les dice a todos que quien quiera su oro puede llevárselo. Una vez hecho esto, se apuñala en la axila y profetiza muchos males para Gunter, Gudrun y toda la familia del rey Gebica. Luego pide que la quemen en una pira funeraria junto a Sigfrido, tras colocar una espada entre ellos. Gunter prepara la pira como ella pide, coloca sobre ella el cuerpo de Sigfrido, el cuerpo de su joven hijo (que Brunilda también arregló para que fuera asesinado), y el cuerpo de Guttorm. Una vez que la pira está encendida y las llamas rugen, Brunilda camina hacia el fuego y se acuesta al lado de Sigfrido, donde muere.

# Segunda Parte: Cuentos de la era vikinga

*Fascinantes sagas legendarias e históricas*

# Introducción

Entre los siglos XII y XV, los escribas islandeses trabajaron intensamente en la redacción de lo que antes se transmitía oralmente y que contenía tanto prosa como fragmentos de poesía. Apodadas "sagas" -del *sögur* islandés, que significa "cuento", "mito" o "historia" -los manuscritos copiados diligentemente por los escribas medievales conservan historias y pseudohistorias junto con obras imaginativas sobre dragones, gigantes y héroes más grandes que la vida. Dentro del corpus total de las sagas islandesas se encuentran las *Fornaldursögur*, o "sagas legendarias", y las *Íslendingasögur*, o "sagas de los islandeses", que a veces también se conocen como "sagas familiares". Estos son dos de los principales subgéneros de las sagas.

Como su nombre lo indica, las sagas legendarias son obras de ficción. Es en estas sagas que nos encontramos con todo tipo de criaturas fantásticas, leemos sobre las hazañas de los héroes y villanos, y ocasionalmente vemos a los dioses asomarse para dirigir los acontecimientos o castigar a los malhechores. Las sagas de los islandeses, por el contrario, son en gran parte obras históricas que cuentan las historias de las familias que dejaron las tierras continentales escandinavas para asentarse en Islandia a partir de finales del siglo IX. Sin embargo, estas sagas históricas no están totalmente exentas de lo fantástico, ya que también contienen ocasionalmente episodios que implican la magia o lo sobrenatural.

Antes del advenimiento del cristianismo, la escritura distinta de las runas utilizadas para las inscripciones o encantamientos era desconocida en las tierras vikingas. Islandia se convirtió oficialmente al cristianismo a finales del siglo XI, por lo que las historias que comenzaron a escribirse en los siglos siguientes se presentan ocasionalmente a través de un filtro cristiano, o han hecho que se alteren ciertos aspectos para ajustarse a la doctrina y la creencia cristianas.

El presente volumen presenta tres sagas vikingas. Dos son sagas legendarias, mientras que la tercera es histórica. *La saga del Rey Heidrek el Sabio* se centra en parte de la espada mágica hecha por los enanos, Tyrfing. Tyrfing fue originalmente hecha para el Rey Svafrlami, pero cuando la pierde en la batalla contra Arngrim el Berserker, se convierte en una reliquia de la casa de Arngrim, transmitida de generación en generación. Por lo tanto, podemos ver que incluso las sagas legendarias pueden ajustarse a ciertos rasgos de las sagas de los islandeses mediante un enfoque en la historia de una familia particular, siguiendo las acciones de cada descendiente sucesivo, que actúa como protagonista en su parte del relato.

*La Saga de Örvar-Oddr* es un largo relato sobre las hazañas del héroe Oddr. Condenado a vivir una vida de 300 años y a morir por una serpiente que se esconde en el cráneo de su caballo muerto hace tiempo, Oddr va de batalla en batalla y de incursión en incursión, conquistando tanto a oponentes humanos como a gigantes. Oddr vive tanto por su ingenio como por la fuerza de su brazo que, como veremos, es útil incluso para tratar con gigantes amistosos. Oddr es una especie de héroe peripatético, que aparece en otras sagas además de la suya. Ya habremos visto a Oddr luchando junto a su amigo Hjalmar en la *Saga del Rey Heidrek el Sabio* antes de encontrarlo en su propia historia.

La saga final de este volumen es histórica, y trata de los viajes vikingos de finales del siglo X y principios del XI a lo que ahora es el noreste de Canadá. Las historias de estos viajes se cuentan en dos obras históricas, *La Saga de los Groenlandeses* y *La Saga de Eirik el Rojo*, que juntas se conocen como *Las Sagas de Vinlandia*. Aquí, seguimos a Bjarni Herjolfsson mientras descubre esta nueva tierra cuando se desvía del rumbo en su camino hacia Groenlandia, y luego los viajes de los hijos y la hija de Eirik y otros del asentamiento de Eirik en Groenlandia, que hacen sus propios intentos de asentarse en un nuevo lugar rico en uvas silvestres, salmón y otras cosas buenas.

Ya sea fantástica o histórica, las sagas vikingas nos muestran personajes muy humanos que se comportan de manera muy humana. Vemos el coraje y la villanía, la pena y la alegría, y la fuerza y la debilidad en estas complejas historias cuyos creadores y primeras audiencias vivieron hace más de mil años.

# La Saga del Rey Heidrek el Sabio

*Al igual que muchas otras sagas islandesas,* la Saga del Rey Heidrek el Sabio -*que también se conoce como el* Ciclo Tyrfing *y la* Saga de Heverar- *no trata únicamente del personaje principal, sino que es un cuento que abarca la historia de varias generaciones de la misma familia, de la que Heidrek es solo un descendiente. En las primeras partes de la saga, aprendemos sobre los antepasados de Heidrek y sobre la historia de la espada encantada, Tyrfing. Las primeras secciones de la saga son relativamente cortas, pero cada sección sucesiva aumenta su longitud hasta que llegamos a la parte que trata del propio Heidrek, que constituye el grueso de la narración.*

*Al principio, podría parecer difícil entender cómo Heidrek merece el apodo de "El Sabio". Heidrek es malicioso e impulsivo, deleitándose en iniciar peleas y sembrando la disensión entre los hombres de la corte de su padre. Su último acto malicioso en esa corte es lanzar una piedra que mata accidentalmente a su hermano, lo que lleva al destierro de Heidrek. Antes de que Heidrek sea obligado a irse, su padre le da algunos consejos, que Heidrek promete ignorar. En la historia que sigue, vemos cómo el desprecio de Heidrek por las reglas se convierte en una especie de sabiduría propia, aunque al final, Heidrek debe pagar un alto precio por su despiadado y arrogante orgullo.*

*Algunos lectores pueden ver ecos de esta saga en las obras de J.R.R. Tolkien. La espada mágica Tyrfing parece haber sido una inspiración para las espadas elfas que brillan en presencia de los orcos y que pueden atravesar casi cualquier cosa con facilidad, mientras que el concurso de acertijos de Heidrek con Gestumblindi (literalmente "el huésped ciego") recuerda el intercambio de acertijos de Bilbo con Gollum en* El Hobbit.

*La versión de la saga de Heidrek presentada aquí ha sido abreviada para ajustarse a este libro. Solo se ha incluido un pequeño número de los acertijos del concurso de acertijos de Heidrek con Gestumblindi, y se ha omitido la parte de la saga que cuenta lo que sucedió después de la muerte de Heidrek, excepto una breve sinopsis. La historia de los reyes de Suecia que termina la saga ha sido omitida por completo.*

*De Svafrlami*

Una vez hubo un rey llamado Svafrlami. Era el hijo del rey Sigrlami, que era el nieto de Odín. A Svafrlami nada le gustaba más que ir a la caza con sus amigos. A menudo se le podía encontrar en el bosque, con su lanza preparada, y rara vez volvía a casa con las manos vacías.

Un día, Svafrlami salió a cazar, pero a medida que pasaba el día, se separó de sus amigos, y se encontró en una parte del bosque que no reconocía. Mientras el sol se ponía, se encontró con una gran piedra que estaba frente a un acantilado. Dos enanos estaban de pie fuera de la piedra y claramente se preparaban para entrar en la hendidura detrás de ella y así ir a sus casas. Svafrlami espoleó a su caballo, y cuando llegó a la piedra, saltó rápidamente y puso su espada entre los enanos y la piedra.

Los enanos temían a este hombre grande y fuerte que empuñaba una espada brillante y montaba un caballo veloz—. ¡Por favor, no nos mates!—suplicaron—. ¡Solo intentamos volver a casa! ¡Déjanos ir en paz!

—Primero deben decirme sus nombres—dijo Svafrlami.

—Soy Dvalin—dijo un enano—y este es mi hermano, Dulin.

—Ah, he oído hablar de ustedes—dijo Svafrlami—. He oído que son los herreros más astutos del mundo. Los dejaré ir si me hacen una espada como nunca se ha visto. La hoja debe ser tan afilada que pueda cortar el acero más fuerte como si fuera pergamino, y nunca tendrá ninguna mota de óxido. La espada también me hará invencible; nunca perderé una batalla mientras la empuñe, y nunca fallará un golpe.

Los enanos aceptaron a regañadientes hacer la espada y fijaron un día para que el rey regresara a buscarla. Entonces los enanos fueron a su casa de la montaña, y Svafrlami cabalgó para encontrar el camino de vuelta a su propia fortaleza.

Cuando llegó el día en que los enanos le dieron la espada al rey, Svafrlami llegó a la piedra en las montañas para encontrar a Dvalin y Dulin parados afuera, y en las manos de Dvalin estaba la espada más hermosa que Svafrlami había visto. Tenía una funda y un cinturón del mejor cuero, y su empuñadura dorada brillaba al sol.

Dvalin le dio la espada al rey y le dijo—Aquí está la espada que pediste. Te la doy como acordamos, pero también te digo esto: cada vez que se desenvaine la espada, debe probar sangre, y debe ser envainada de nuevo con esa sangre todavía sobre ella. Se cometerán tres crímenes con esta espada, y al final, la espada será tu propia muerte.

Svafrlami sacó la espada y se la lanzó a los enanos, pero ellos fueron demasiado rápidos. Antes de que el golpe pudiera caer sobre ellos, Dvalin y Dulin se deslizaron a su casa de la montaña, y la espada se enterró profundamente en la pesada piedra que era su puerta. Svafrlami sacó la espada de la piedra, la envainó, luego montó su caballo y se alejó cabalgando, complacido con el trabajo de los enanos y burlándose de la maldición que habían puesto sobre él y sobre la espada. El rey llamó a la espada Tyrfing, y siempre que la llevaba a la batalla, él era el vencedor.

Svafrlami se casó y se convirtió en el padre de una hermosa hija llamada Eyfura. Durante mucho tiempo, las tierras de Svafrlami fueron pacíficas y seguras, ya que cada vez que un enemigo las atacaba, Svafrlami desafiaba al otro rey a un combate individual. Con la ayuda de la espada Tyrfing, Svafrlami conquistó a todos los enemigos que se atrevieron a aceptar su desafío.

Esto continuó durante muchos, muchos años, hasta que Svafrlami era un anciano. Un día, un vikingo llamado Arngrim dejó su fortaleza en la isla de Bolm y navegó a las tierras de Svafrlami, pensando en asaltar y saquear donde quisiera. Cuando Svafrlami se enteró de la llegada de Arngrim, envió un desafío para un combate individual, como era su costumbre. Arngrim aceptó el desafío y se encontró con Svafrlami en el campo de batalla a la hora indicada. Los dos guerreros se rodearon el uno al otro, sosteniendo sus escudos y maniobrando con sus espadas mientras sus ejércitos se paraban a ambos lados del campo, mirando. Pronto se desató la batalla en serio, pero no pasó mucho tiempo hasta que Svafrlami hizo un gran barrido con su espada que cortó el lado del escudo de Arngrim. Desafortunadamente para Svafrlami, el golpe fue apuntado con tal fuerza que la espada continuó hacia abajo hasta que su punta se alojó en la tierra. Arngrim aprovechó esta ventaja cortando la mano de Svafrlami en la muñeca y tomando a Tyrfing para sí mismo. Entonces Arngrim tomó a Tyrfing y partió en dos el cuerpo de Svafrlami con él, y de esta manera parte de la maldición de los enanos se cumplió, que el mismo Svafrlami sería asesinado por esa espada encantada.

Con Svafrlami derrotado, Arngrim y sus guerreros atacaron a los hombres de Svafrlami, y pronto el ejército de Arngrim obtuvo la victoria y recorrió las tierras saqueando y tomando cautivos, y no hubo nadie que se enfrentara a ellos. Uno de los cautivos era la hija de Svafrlami, Eyfura. Arngrim la tomó como su esposa, y juntos regresaron a su fortaleza en Bolm.

## De los Hijos de Arngrim

Arngrim y Eyfura juntos tuvieron doce hijos. El mayor se llamaba Angantyr, y tras él siguieron a su vez Hervarth, Hjörvarth, Saeming, Hrani, Brami, Barri, Reifnir, Tind y Bui. También estaban los gemelos, ambos llamados Hadding, que eran los hijos más jóvenes de la familia. Cuando todos los chicos se habían convertido en hombres, Angantyr era el más alto y fuerte de todos ellos, mientras que los gemelos eran los más pequeños y débiles.

Pero incluso el más débil de los hijos de Arngrim era más fuerte que la mayoría de los demás hombres, y juntos los doce hermanos a menudo se embarcaban para ir a asaltar otras tierras. Nunca llevaron a nadie más con ellos, porque no necesitaban otra ayuda, y siempre volvían a casa con su barco cargado de botín. Pronto fueron tan temidos que cada vez que su vela aparecía en el horizonte, el rey de ese lugar y su gente se amontonaban en la playa y allí hacían un montón de sus mayores tesoros, para que los hijos de Arngrim pudieran tomar el oro y las joyas y otros bienes y luego salir sin matar o tomar cautivos o prender fuego a los tejados y a las madrigueras.

Cada uno de los hijos de Arngrim tenía su propia espada, y algunas de estas espadas se hicieron famosas en la historia y en las canciones. Angantyr recibió a Tyrfing como una reliquia de su padre. La espada de Hervarth se llamaba Hrotti, y la de Saeming se llamaba Mistiltein. Tyrfing era la más poderosa de todas. Brillaba con una luz plateada cuando se desenvainaba, una luz que provenía de la propia hoja y que podía incluso iluminar la oscuridad. Nunca podía el poseedor de Tyrfing devolver la espada a su vaina a menos que tuviera sangre fresca sobre la hoja, y quienquiera que golpeara la espada pereciera de la herida antes del final del día siguiente, incluso si la herida era muy leve.

Un Yule, los hijos de Arngrim estaban sentados para comer y beber, como era su costumbre. Al final del banquete, pasaban la copa de compromiso para que se pudieran hacer los votos del año siguiente. Cuando Hjörvarth recibió la copa, dijo—: Prometo que iré a Suecia y me casaré con la hija del Rey Yngvi. Ingeborg es la doncella más hermosa del mundo entero, y solo ella es digna de ser mi esposa. —entonces Hjörvarth bebió de la copa de compromiso, y así su voto fue sellado.

La primavera siguiente, Hjörvarth y sus hermanos tomaron un barco para Uppsala. Fueron a la corte del Rey Yngvi, donde fueron bien recibidos. Yngvi les concedió una audiencia en la cámara donde se sentó con sus más sabios consejeros y valientes guerreros, y al lado del rey se sentó la encantadora Ingeborg.

—Dime quién eres y cuál es tu misión—dijo Yngvi—y yo decidiré qué hacer al respecto.

Hjörvarth se puso de pie y dijo—: Soy Hjörvarth, hijo de Arngrim. He venido a pedir la mano de tu hija, Ingeborg, en matrimonio.

—Ya veo—dijo Yngvi, pero antes de que el rey pudiera decir algo más, Hjalmar, el guerrero más valiente de Yngvi, se puso de pie y dijo—: Te pido que me dejes hablar, oh rey. —El rey asintió con la cabeza, así que Hjalmar continuó—: Te he servido por mucho tiempo. He luchado para proteger a tu gente y tus tierras. He recibido heridas y he derramado sangre en tu nombre. Te pido que me des la mano de Ingeborg, y no la entregues a este extraño cuya vida está llena de asesinatos y robos.

Yngvi se encontró en un dilema. Si entregaba a su hija a Hjörvarth, perdería la lealtad de Hjalmar y se derramaría sangre. Si entregaba su hija a Hjalmar, Hjörvarth y sus hermanos no se irían hasta que cada persona en esa cámara fuera cortada en pedazos y la fortaleza fuera saqueada y quemada. Finalmente, el rey dijo— Ambos son dignos pretendientes, pero no es mi decisión. Ingeborg debe ser la que decida.

Ingeborg dijo—Si es mi elección, entonces elijo a Hjalmar. Sé que es un hombre bueno y honorable. Tendría un marido que sepa lo que es el honor, no un loco cuyas manos están manchadas con la sangre de tantos.

Hjörvarth respondió—: Muy bien, si ese es tu deseo, entonces así será. Pero desafío a Hjalmar a que se reúna conmigo en un combate individual en el verano. Nos encontraremos en Samsø. Si no vienes, Hjalmar, me aseguraré de que cada hombre, mujer y niño de todas las tierras sepa que eres un cobarde e incapaz de casarte con una dama de alta alcurnia como Ingeborg. No podrás mostrar tu cara en ningún lugar por vergüenza.

—No soy un cobarde—dijo Hjalmar—. Me reuniré contigo en Samsø en el verano, y veremos entonces quién prevalece.

Hjörvarth y sus hermanos navegaron a casa y le contaron a su padre todo lo que había pasado en Uppsala—. No me gusta—dijo Arngrim cuando escuchó el cuento—. Nunca he tenido motivos para temer por ninguno de mis hijos, pero esto para mí es un mal presagio. Aun así, no hay nada que hacer ahora; debes seguir con tu desafío, Hjörvarth, o ser nombrado cobarde.

Los hijos de Arngrim se quedaron en la casa de su padre durante todo el invierno. En la primavera, tomaron un barco para Samsø. En el camino, se detuvieron en la fortaleza del conde Bjartmar, que había sido amigo de Arngrim y sus hijos durante mucho tiempo. Bjartmar hizo que se celebrara una gran fiesta en honor de los doce jóvenes, y en la fiesta Angantyr pidió la mano de la hija del conde, Svafa, en matrimonio. El conde y su hija consintieron, y así ella y Angantyr se casaron con gran regocijo.

Pronto llegó el momento de que los hijos de Arngrim fueran a Samsø. Antes de embarcar, Angantyr pidió hablar con su suegro—. Mi señor—dijo Angantyr—tuve un sueño extraño anoche. He oído que eres sabio en estos asuntos, así que quizás puedas decirme qué significa.

—Cuéntame tu sueño y haré lo que pueda—dijo el conde.

—Soñé que estábamos en Samsø. Había muchos pájaros allí, y mis hermanos y yo los matábamos a todos. Mientras nos preparábamos para salir, dos grandes águilas se abalanzaron sobre nosotros. Luché con un águila, y mis hermanos lucharon todos contra la otra. Pero estábamos débiles por haber matado a todos los demás pájaros, y así todos fuimos vencidos.

—No hay ningún secreto para este sueño—dijo el conde—. Predice la muerte de doce feroces guerreros.

Angantyr y sus hermanos navegaron entonces hacia Samsø. Cuando llegaron, vieron dos barcos en el puerto y adivinaron que eran los barcos de Hjalmar. De hecho, solo uno era de Hjalmar; el otro pertenecía al amigo de Hjalmar, Örvar-Oddr, que había ido a Samsø para prestar su apoyo a Hjalmar si era necesario.

Cuando los hijos de Arngrim vieron esos barcos, la furia berserker se apoderó de ellos. Abordaron los barcos, y aunque los hombres de Hjalmar y Oddr lucharon con valentía, no pudieron resistir a Angantyr y sus hermanos. Pronto todos los hombres a bordo de los barcos habían sido asesinados, y los hijos de Arngrim se dirigieron hacia el interior en busca de Hjalmar.

Hjalmar y Oddr no estaban en los barcos cuando los hermanos llegaron. Habían bajado a tierra y caminado hacia el interior, pensando en esperar a Hjörvarth y así estar listos para el combate. El tiempo pasó, y cuando el retador y sus hermanos no llegaron, Hjalmar y Oddr decidieron volver a la orilla para ver si algo había sucedido allí. No lejos de la playa, se encontraron con los hijos de Arngrim. La furia berserker los había dejado, haciéndolos más débiles que en otros tiempos, y sus espadas estaban empapadas de sangre, contando la historia de sus acciones en los barcos.

Hjalmar y Oddr se detuvieron—. ¿Ves lo que ha ocurrido?—dijo Hjalmar—. Ya han matado a todos nuestros hombres y es probable que también nos maten a nosotros. Sin duda estaremos bebiendo cerveza con Odín en el Valhalla esta noche.

Oddr respondió—: Valhalla puede ser un lugar glorioso y Odín un amable anfitrión, pero tengo otros planes para esta noche. Mataremos a todos y cada uno de esos berserkers, aunque solo seamos nosotros dos y ellos doce.

Alentado por las palabras de Oddr, Hjalmar dijo—: Que así sea. Lucharemos con esos doce, y veremos quién tendrá la victoria. — Entonces Hjalmar dijo— ¡Mira! Angantyr lleva la espada Tyrfing. ¿Ves cómo brilla? ¿Cómo dividiremos la lucha? ¿Tomarás a Angantyr solo y yo los otros once, o debo luchar contra Angantyr y tú con sus hermanos?

—Quiero luchar contra Angantyr—dijo Oddr—. Tyrfing es una hoja poderosa, seguro, pero mi armadura de cadena es mejor que la tuya.

—Tal vez sea así—dijo Hjalmar—pero yo soy el líder aquí, y es mi honor el que está en juego, no el tuyo. Yo peleo contra Angantyr, y tú peleas contra sus hermanos. No permitiré que se diga que tuve miedo de enfrentar a Tyrfing.

Y así Hjalmar y Oddr bajaron a la playa y desafiaron a Angantyr y sus hermanos. Hjalmar luchó valientemente contra Angantyr, y Oddr luchó contra los otros once, cortándolos uno por uno. Cuando la batalla terminó, Angantyr y todos los hijos de Arngrim yacían muertos.

Oddr se volvió hacia Hjalmar, que estaba sentado en la hierba—. ¿Ves?—dijo Oddr—. ¡Sabía que saldríamos victoriosos! ¿Pero por qué estás tan pálido? ¡Y tu armadura está hecha jirones!

Hjalmar respondió—He recibido dieciséis heridas en mi batalla con Angantyr. Puede que tú no seas el invitado de Odín esta noche, pero seguro que yo lo seré. Una de esas heridas está justo debajo de mi corazón. —entonces Hjalmar tomó el anillo de su dedo y se lo dio a Oddr, diciendo—: Lleva este anillo de vuelta a Ingeborg.

Dáselo como una muestra de mi amor. —Hjalmar tomó un último aliento y luego murió.

Oddr hizo túmulos para cada uno de los hijos de Arngrim y los colocó allí con todas sus armas. Tyrfing fue colocada en el túmulo con Angantyr. Cuando esto se hizo, Oddr llevó el cuerpo de Hjalmar de vuelta a Suecia para ser enterrado allí, pero una vez que Ingeborg vio que Hjalmar estaba muerto, murió de un corazón roto, y los dos fueron enterrados juntos en una tumba.

*De Hervor, que también llevaba el nombre de Hervarth*

En la corte del Conde Bjartmar, la esposa de Angantyr, Svafa, estaba embarazada. Cuando llegó su momento, dio a luz a una niña, a la que llamó Hervor. Svafa hizo a su propio padre el padre adoptivo de Hervor, y ambos juraron nunca decirle a Hervor sobre Angantyr, para no tratar de vengarse de él.

Hervor creció grande y fuerte, y ella tenía el espíritu berserker de su padre. No se contentó con quedarse en casa y aprender bordado y otras artes femeninas; en cambio, tomó el arco y la espada y rápidamente se convirtió en una guerrera y cazadora más consumada que muchos de los hombres adultos de la corte del conde. Cuando alguien intentaba quitarle las armas y ponerla con la aguja, ella se escapaba al bosque, donde vivía como un bandolero, robando a cualquiera que se le acercara. Cuando el conde se enteró de lo que Hervor había estado haciendo, envió hombres al bosque para capturarla y llevarla a su corte por la fuerza.

Durante un tiempo, Hervor vivió en la casa de su abuelo, pero no estaba más tranquila allí de lo que había estado en el bosque. A menudo se divertía atormentando a los esclavos de la casa. Durante un tiempo, los esclavos soportaron estos malos tratos sin decir nada, pero finalmente uno de ellos no pudo mantener su calma por más tiempo—. Eres una persona malvada, Hervor, y pasas todos tus días haciendo cosas malas. Pero supongo que esto es de esperar, dado tu linaje. ¿Sabes por qué tu abuelo nunca ha mencionado el nombre de tu padre? Porque no era más que un humilde porquero, y tú, a su vez, has heredado esa baja naturaleza.

Hervor entonces corrió hacia su abuelo y exigió que le dijeran la verdad—. ¿Era mi padre realmente un porquero? ¿Soy realmente la hija de un patán de tan baja cuna?

Bjartmar suspiró—. No, Hervor, no eres la hija de un porquero. Eres la hija de Angantyr, hijo de Arngrim, y la sangre de berserker corre por tus venas. Tu padre y sus hermanos murieron en batalla en la isla de Samsø antes de que nacieras.

Cuando Hervor escuchó esto, se vistió con ropa de hombre y encontró una espada y un arco con una aljaba de flechas. Fue a ver a su madre y a su abuelo y les dijo—: No puedo quedarme más tiempo aquí. Tomaré un barco y viviré la vida de un vikingo. Buscaré los túmulos de mi padre y mis tíos. Tomaré a Tyrfing como mía, y luego vengaré a mi padre y a todos sus hermanos.

La madre y el abuelo de Hervor trataron de hacerla cambiar de opinión, pero Hervor no se dejó influenciar. Se cambió el nombre a Hervarth y bajó al puerto, donde encontró un barco y una tripulación que estaban dispuestos a ir de incursión con ella. Navegaron de un lugar a otro, saqueando a medida que iban, pero Hervarth siempre pensaba en su padre y en sus tíos y en lo que debía hacer para vengarlos.

Una noche, Hervarth fue a ver al capitán del barco y le dijo—: Debemos navegar hasta Samsø.

—No navegaré allí—dijo el capitán—. Ese lugar tiene un mal nombre. Está embrujado por todo tipo de espíritus. Si vamos allí, ninguno de nosotros saldrá vivo.

—Navegamos donde yo digo que navegamos—dijo Hervarth—. Y si tú y los demás son demasiado cobardes para ir a tierra, pueden esperarme en el barco. Lo que tengo que hacer, debo hacerlo solo, en cualquier caso.

—Muy bien—dijo el capitán—pero si te va mal con los espíritus, no iremos a buscar tu cuerpo. Puedes pudrirte allí y ser comida para los cuervos, si los espíritus no te devoran primero.

Y así navegaron hacia Samsø, pero cuando llegaron, el capitán no se dirigió al muelle, sino que ancló el barco en el puerto justo cuando el sol comenzaba a ponerse. Hervarth tomó uno de los pequeños botes de remos que tenían a bordo y se fue a tierra sola. Empezó a caminar hacia el interior, y pronto se encontró con un pastor que recogía su rebaño para pasar la noche.

—¡Tú!—dijo Hervarth—. ¿Puedes decirme dónde pueden estar los túmulos de Hjörvarth y sus hermanos?

—Puedo decirte—dijo el pastor—pero si tienes algo de sentido común, te mantendrás alejado de ese lugar. ¿Y no ves que el sol se está poniendo? No es seguro estar aquí después del anochecer. Deberías volver al lugar de donde viniste.

—Eso no lo haré—dijo Hervarth—. No temo ni al hombre ni al espíritu. Ahora dime, ¿dónde están los túmulos?

—Están allí, más allá del bosque—dijo el pastor—. Los reconocerás por la llama que arde a su alrededor, día y noche. Si no tienes el sentido común de entrar antes de que oscurezca, yo sí.

Sin decir una palabra más, el pastor llamó a sus perros y a sus ovejas y se puso en camino hacia su casa.

Hervarth caminó en la dirección que el pastor le había mostrado, y pronto vio la luz de las llamas alrededor de los túmulos. Cuando Hervarth se acercó, vio que el fuego no era algo hecho y atendido por manos humanas. Aunque las llamas saltaban alto en el aire, no consumían nada a su alrededor, ni siquiera la hierba seca a sus pies.

Hervarth atravesó el muro de llamas sin miedo y se paró frente a los túmulos de los doce hermanos. Miró los túmulos un momento y luego dijo:

*¡Despierta, Angantyr!*

*La hija de Sfava*

*te dice, "¡Despierta!"*

*Tu única hija, Hervor,*

*está aquí para despertarte.*

*¡Despierta, Angantyr!*

*¡Despierta a Saeming!*

*¡Despierta a Hjörvarth!*

*Dame la espada*

*con la hoja brillante*

*y la empuñadura dorada,*

*la espada forjada por Dvalin*

*para Svafrlami.*

Cuando Hervarth terminó su conjuro, la tierra de uno de los túmulos se agitó. Una niebla se reunió en la parte superior, y de la niebla surgió la sombra de Angantyr. La sombra miró a Hervarth y dijo:

*¿Por qué me despiertas?*

*¿Por qué estás aquí?*

*Hija mía,*

*este no es un lugar para los vivos.*

*La hoja que buscas*

*no está aquí.*

*Ningún pariente me enterró;*

*un enemigo me colocó aquí.*

*Me colocó en mi túmulo,*

*la espada se llevó con él.*

*¡No la busques!*

*Será tu perdición.*

Entonces Hervarth dijo:
*No temo a la perdición,*
*ni las palabras de una sombra.*
*¡No me digas mentiras!*
*¡Dame la espada!*
*Es mi derecho de nacimiento,*
*y está ah.*
*contigo en tu túmulo.*
Angantyr respondió:
*La espada tendrás*
*pero no antes*
*Te hablo de tu perdición.*
*Un hijo que tendrás,*
*Heidrek será nombrado.*
*Tyrfing será su espada,*
*será el más fuerte de los hombres.*
*La espada está aquí,*
*bajo mi espalda,*
*envuelta en llamas.*
*Ninguna mujer tiene el coraje*
*suficiente para tomarla.*
Hervarth respondió,
*Tengo coraje,*
*suficiente para tomar la espada.*
*Puedo verla ahora,*
*envuelta en llamas.*
*Si no la cedes,*

*La tomaré yo misma.*

*Incluso ahora*
*las llamas se apagan*
*mientras me acerco a tu túmulo.*

Entonces la sombra de Angantyr dijo,

*¡Muy bien!*
*No la tomes;*
*Te la daré.*
*Pero solo traerá dolor,*
*solo la pena, solo la ruina*
*a ti y a los tuyos.*
*¡Que te vaya bien!*
*Ojalá que yo y mis hermanos*
*pudiéramos levantarnos y caminar contigo.*
*Pero ese no es nuestro destino.*
*¡Que te vaya bien!*

Cuando la sombra de Angantyr terminó de hablar, se disolvió en la niebla. La niebla se disolvió de nuevo en la tierra, y en su lugar en la cima del túmulo estaba Tyrfing, con su vaina y su cinturón. Hervarth tomó la espada y dijo:

*¡Que te vaya bien!*
*Que descanses aquí*
*sin ser molestado.*
*Debo ir;*
*El túmulo no es un lugar*
*para una mujer viva.*
*¡Que te vaya bien!*

Entonces Hervarth volvió a atravesar el muro de llamas y se puso en marcha a través del bosque. Había sido un largo viaje hasta los túmulos, y fue un largo viaje de regreso. Cuando llegó a la orilla, el sol ya se asomaba por el horizonte, y a la luz del amanecer, Hervarth vio que su barco ya había salido del puerto, dejándola varada allí en la isla. Entonces se dirigió al pueblo más cercano, donde pudo comprar un pasaje para volver a tierra firme.

Hervarth viajó hasta que llegó a la corte del rey Gudmund. Allí permaneció un tiempo, pero como todavía iba vestida con ropa de hombre y seguía llamándose por el nombre de un hombre, nadie reconoció que era una mujer. Gudmund y sus cortesanos fueron amables con Hervarth, y la trataron como si fuera un hombre como ellos.

Un día, Gudmund estaba jugando al ajedrez y se dio cuenta de que era probable que perdiera. Suspiró y luego dijo—Parece que estoy vencido. ¿Nadie aquí puede rescatarme y cambiar el juego a mi favor?

—Puedo hacerlo, milord—dijo Hervarth, y entonces Gudmund le dio su asiento y comenzó a jugar. Hervarth no tardó mucho en invertir la suerte del rey, pero mientras ella jugaba, uno de los cortesanos tomó su espada del lugar donde la había colocado y la giró en sus manos, admirando la artesanía de la vaina y la empuñadura. Entonces el cortesano sacó la espada y dijo— ¡Aquí hay una hoja muy noble, de hecho! ¡Nunca he visto una tan fina!

Hervarth había estado tan absorta en el juego que no se dio cuenta de que el cortesano tenía a Tyrfing en sus manos hasta que la sacó y comenzó a exclamar. Inmediatamente, Hervarth se dirigió al cortesano, le quitó la espada de su mano y le golpeó la cabeza con la espada. Tomó la vaina y el cinturón, envainó la espada y dejó la corte de Gudmund.

Todos los guerreros de Gudmund clamaban que se les permitiera seguir a Hervarth para vengarse de la muerte de su compañero, pero Gudmund no lo permitió—. Hay más en ese

Hervarth de lo que se ve a simple vista—dijo—y tendrán poca fama por su muerte, sobre todo porque sospecho que es una mujer. Esa mujer posee una poderosa espada y sin duda sabe cómo usarla; me temo que ninguno de ustedes regresará vivo de esa misión. Esta es mi última palabra: nadie seguirá a Hervarth. Ella deja mi corte en paz.

Durante un tiempo, Hervarth se fue de incursión con los vikingos, pero pronto se cansó de esa vida. Tomó un barco a la corte de su abuelo, donde fue recibida con alegría por el conde y su madre. Hervarth dejó a un lado su ropa de hombre y se puso el traje de mujer. Retomó su propio nombre y comenzó a trabajar en su bordado. Pronto la historia de la bella mujer que había llegado a la corte del conde se extendió por todas las tierras, y muchos jóvenes pensaron en pedirle su mano en matrimonio.

El rey Gudmund tenía un hijo llamado Höfund, y era un hombre fuerte y sabio. Un día, Höfund fue a su padre y le dijo—Padre, es hora de que tome una esposa. Vengo a pedirte ayuda en esto. ¿Con quién sería mejor que me casara?

El rey Gudmund dijo—: No conozco a nadie mejor que Hervor, nieta del conde Bjartmar. Ella es la que debe convertirse en tu esposa.

Höfund estuvo de acuerdo con esto, y pronto el rey Gudmund envió emisarios a la corte de Bjartmar para hacer ese recado. Bjartmar los recibió bien, y cuando Hervor supo que Höfund le pidió la mano, aceptó casarse con él. Pronto todo estuvo preparado, y Höfund y Hervor se casaron con gran alegría y festejo, y vivieron juntos felizmente como marido y mujer.

*De Heidrek*

Höfund era el más sabio de los hombres, y todo el pueblo elogiaba su buen juicio. Era tan sabio que los jueces siempre fueron conocidos como "höfund" en su honor. Siempre que Höfund tomaba una decisión, nadie se atrevía a ir en contra.

Höfund y Hervor tuvieron dos hijos. El mayor se llamaba Angantyr, y el menor se llamaba Heidrek. Ambos se convirtieron en hombres fuertes, altos y de cara bonita. Angantyr se parecía a su padre. Era sabio y quería hacer lo correcto para todos. Pero Heidrek, cuyo padre adoptivo era el héroe Gizur, era todo lo contrario. Heidrek era astuto y hábil, y felizmente sembraba la disensión donde podía.

Llegó un momento en que Höfund tuvo un festín en su fortaleza. Invitó a todo el mundo a ir y participar de la fiesta, excepto a Heidrek. Cuando Heidrek se enteró de esto, se enfadó mucho y decidió ir a la fiesta tanto si había sido invitado como si no. También quería hacer travesuras entre los hombres de su padre en venganza por el desaire.

Heidrek fue a la fortaleza de Höfund y entró en el gran salón como si perteneciera allí. Höfund y los demás hombres miraron con ira a Heidrek, no solo porque se atrevió a aparecer sin ser invitado, sino también porque sabían que su presencia allí no serviría de nada. Angantyr, sin embargo, se levantó y saludó a su hermano y le dio un asiento a su lado en la mesa. Heidrek no se alegró de ello, sino que se sentó allí frunciendo el ceño.

Después de un tiempo, Angantyr dejó la fiesta. Heidrek comenzó a hablar con los hombres que estaban sentados a ambos lados de él, entrelazando su charla con palabras distorsionadas que hacían que un hombre pensara que el otro le insultaba, mientras él se mantenía al margen de la disputa. Pronto la discusión creció a tal punto que llegó a los golpes. Heidrek se mantuvo alejado de la pelea, sentándose con silencioso placer ante la malicia que había causado.

Mientras la pelea seguía, Angantyr volvió a la sala.

—¿Qué es esto?—dijo—. ¿Por qué luchan aquí en la sala de mi padre, donde todos deberían estar en paz unos con otros?

Los hombres dejaron de pelear y volvieron a sus asientos, pero no estaban en paz entre ellos.

Después de un rato, Angantyr se fue de nuevo, y Heidrek recordó a los hombres su discusión. Esto provocó que la lucha se reanudara, y no cesó hasta que Angantyr volvió y les dijo a ambos que hicieran las paces entre ellos. De nuevo, Angantyr salió, y de nuevo Heidrek incitó a los hombres a discutir. Esta vez, uno de los hombres tomó su cuchillo y mató al otro. Angantyr estaba muy enojado por lo que había pasado, y cuando Höfund se enteró, le dijo a Heidrek que se fuera a casa y dejara de crear problemas.

Heidrek salió del salón y Angantyr fue con él, y se despidieron en la explanada. Heidrek se marchó, pero no había ido muy lejos cuando decidió que había más travesuras que hacer. Miró en el suelo y encontró una gran piedra. Escuchó y pudo oír a la gente hablando entre ellos fuera de la sala. Heidrek cogió la piedra en su mano y la tiró en dirección a las voces. Por los sonidos que siguieron, Heidrek supo que la piedra había golpeado a alguien. Fue a ver quién había sido golpeado, y cuando se dio cuenta de que había matado a su hermano, huyó al bosque.

Heidrek se arrepintió de su acto, así que por la mañana volvió a la sala y les contó todo a su padre y a su madre. Cuando Höfund escuchó la historia, se enojó mucho—. Este es un acto sucio que has hecho, Heidrek, más sucio que cualquier otra travesura que hayas hecho hasta ahora. No solo has matado a un hombre desde lejos sin darle la oportunidad de defenderse, sino que has matado a tu único hermano. Mereces ser colgado por esto, pero no voy a dictar esa sentencia. Más bien, serás un forajido. Abandona mi reino y no vuelvas nunca más, bajo pena de muerte.

Hervor se preocupó por el juicio de Höfund, ya que de sus dos hijos quería más a Heidrek—. Seguramente, esposo, esta sentencia es demasiado dura. ¿No debería permitirse a nuestro hijo volver con sus padres en algún momento? ¿Perderá toda su herencia?

—Mi juicio se mantiene, esposa—dijo Höfund—. Heidrek es un forajido a partir de este momento.

—Si no cedes—dijo Hervor—al menos dale un buen consejo antes de que se vaya.

—No se merece nada, ni siquiera buenas palabras—dijo Höfund—pero porque tú lo pides, yo lo daré.

Höfund se dirigió a Heidrek y le dijo—: Este es mi consejo, aunque dudo mucho que lo sigas. Primero, nunca ayudes a un hombre que ha traicionado a su señor. Segundo, nunca protejas a un asesino. Tercero, no dejes que tu esposa vaya a casa a visitar a sus parientes, no importa cuánto pueda rogar por esto. Cuarto, no pierdas el tiempo con tu amante. Quinto, cuando tengas prisa, no montes tu mejor caballo. Sexto, no seas un padre adoptivo del hijo de un hombre de mayor estatus que tú. Ese es mi consejo, aunque probablemente lo consideres de poco valor.

Heidrek dijo—: Tengo en baja estima tu consejo porque fue dado con mala voluntad. No estoy obligado a seguir ni una sola palabra de él. —entonces Heidrek se dio vuelta y dejó el salón, y en un momento su madre lo siguió.

—Heidrek, hijo mío—dijo Hervor—esta vez sí que te has hecho daño. Höfund nunca cederá, y nunca podrás volver. Pero te daré algunos regalos antes de que te vayas. Aquí hay una bolsa llena de oro, y aquí una espada. Esta espada es Tyrfing, y una vez perteneció a mi padre, Angantyr el berserker. Es una espada famosa; todo el mundo ha oído hablar de ella. También es una espada victoriosa; cuando la desenvaines, saldrás victorioso. Ahora debes irte. Adiós. —entonces Hervor volvió al salón, y Heidrek se alejó para encontrar su fortuna como forajido.

Después de que Heidrek estuvo viajando durante algún tiempo, se encontró con un grupo de hombres. Uno de los hombres estaba atado con cuerdas.

—¿Qué ha hecho este hombre para que lo aten así?—preguntó Heidrek.

—Traicionó a su señor—dijo uno de los hombres del grupo.

—¿Aceptarán un rescate por él?—preguntó Heidrek—. Les daré la mitad del oro de mi bolso si lo dejan ir.

Los hombres se consultaron entre ellos y luego dijeron que estaban de acuerdo con los términos de Heidrek. Heidrek les dio el oro, y luego soltaron al otro de sus ataduras.

—Gracias por perdonarme—dijo el hombre que había sido atado—. A cambio de tu amabilidad, te ofrezco mi servicio.

—Ese servicio no lo aceptaré—dijo Heidrek—. Un hombre que está dispuesto a traicionar a su propio señor es probable que haga lo mismo conmigo. Sigue tu propio camino; no quiero volver a verte nunca más.

Heidrek reanudó su viaje, y pronto se encontró con otro grupo de hombres guiando a otro hombre que estaba atado con cuerdas, como el primero.

—¿Qué ha hecho este hombre para que lo aten así?—preguntó Heidrek.

—Es un asesino—dijo uno de los hombres del grupo.

—¿Aceptarán un rescate por él?—dijo Heidrek—. Les daré la mitad del oro de mi bolso si lo dejan ir.

Los hombres se consultaron entre ellos y luego dijeron que estaban de acuerdo con los términos de Heidrek. Heidrek les dio el oro, y luego soltaron al otro de sus ataduras.

—Gracias por perdonarme—dijo el hombre que había sido atado—. A cambio de tu amabilidad, te ofrezco mi servicio.

—Ese servicio no lo aceptaré—dijo Heidrek—. Alguien que está dispuesto a asesinar a un hombre es probable que haga lo mismo conmigo. Sigue tu propio camino; no quiero volver a verte nunca más.

Heidrek vagó por el mundo durante mucho tiempo hasta que finalmente llegó a Reidgotaland, donde un hombre llamado Harald era el rey, que hizo que Heidrek fuera muy bienvenido. Harald tenía ahora una gran edad, y se lamentaba de no tener un heredero que tomara el trono después de él. Pero ese no era el final de los problemas de Harald. Algunos de sus condes se habían levantado contra él, y para evitar la guerra y la pérdida de su trono, Harald había acordado pagarles un gran tributo.

Un día, Heidrek vio una gran pila de tesoros amontonados en el patio de la fortaleza de Harald. Heidrek fue a Harald y le preguntó— ¿Qué es esto? ¿Este tributo que recibes de las tierras que has conquistado?

—¡Ojalá fuera así!—dijo Harald—. Pero, por desgracia, no. Este es un tributo que debo pagar a mis condes.

—¡Seguro esto es algo vergonzoso para un rey como tú!—dijo Heidrek—. ¿Por qué no te resistes?

—Porque este es el precio de la paz. Soy demasiado viejo para seguir luchando contra ellos, y no quiero que causen estragos entre mi gente si no pago. Además, cuando me enfrenté a ellos en el pasado, me fue mal a mí y a mis hombres.

—Milord, permíteme dirigir tu ejército contra estos condes—dijo Heidrek—. Tengo una deuda de gratitud contigo por tu hospitalidad, y me duele ver a un rey de un reino tan grande reducido a pagar tributo a sus propios condes.

—Muy bien—dijo el rey—. Puedes dirigir mi ejército contra ellos, y si derrotas a estos condes, tu recompensa será muy grande. Pero me temo que no te irá bien y que no volverás a mi casa cuando todo esté hecho.

Harald puso entonces su ejército bajo el mando de Heidrek, y todo se preparó para asaltar las tierras de los condes rebeldes. Heidrek lideró el ejército en el territorio de un conde tras otro, saqueando y matando a medida que avanzaban. Cuando los condes oyeron lo que el ejército de Heidrek estaba haciendo, convocaron a su propio anfitrión y salieron a su encuentro. Pronto los dos ejércitos se encontraron, y la batalla se desató. Heidrek cabalgó a la cabeza de su ejército con Tyrfing. Cada hombre al que Heidrek se enfrentó fue asesinado, porque Tyrfing atravesó el yelmo, el escudo y la armadura como una guadaña a través del heno. Heidrek se abrió camino a través de la presión de los hombres hasta que encontró a los condes, y luego mató a cada uno de ellos. Cuando los hombres de los condes vieron que sus líderes habían sido asesinados y que la mayor parte de su ejército ya estaba muerto en el campo, huyeron, y el día fue el de Heidrek.

Cuando la batalla terminó, Heidrek recorrió los dominios de los condes y dijo a la gente que ahora debían rendir tributo a Harald. Recogió el tributo y regresó triunfante a la fortaleza de Harald.

—¡Bienvenido, de verdad!—dijo Harald cuando vio el regreso de Heidrek y la enorme cantidad de tesoros que llevaba consigo—. Has salvado mi reino y además lo has enriquecido. Cualquier cosa que pidas, te la daré.

—Pido la mano de tu hija, Helga, en matrimonio—dijo Heidrek— y la mitad de tu reino.

—Son ambos tuyos, con mi bendición y mi gran agradecimiento— dijo el rey.

*De la realeza de Heidrek*

Heidrek y Helga vivieron juntos muy felices. Tuvieron un hijo, al que llamaron Angantyr, y Harald en su vejez finalmente tuvo un hijo propio, que se llamaba Halfdan.

Durante un tiempo, todo fue bien en Reidgotaland. Heidrek y Harald gobernaron sabiamente y bien, y el pueblo prosperó. Pero entonces llegó una gran hambruna, una que nadie recordaba haber tenido antes. El Rey Harald y Heidrek fueron a los adivinos a preguntar qué se podía hacer porque su gente estaba pasando hambre, y nada de lo que intentaron hizo ningún bien.

Los adivinos echaron a suertes y leyeron el augurio. Les dijeron a los reyes que la única manera de apaciguar a los dioses era sacrificar al niño más noble de la tierra.

—Seguramente tu hijo es el más noble—dijo Harald—. Él debería ser el sacrificado.

—No, es tu hijo el que es más noble que el mío—dijo Heidrek—. Halfdan debería ser el sacrificio.

Los dos reyes discutieron sobre esto durante mucho tiempo. Finalmente, decidieron someter su disputa al rey Höfund, ya que era el único lo suficientemente sabio para juzgar el caso. Heidrek fue nombrado líder de la misión, que incluía a los principales nobles y consejeros más sabios de su reino y del de Harald. Cuando la misión llegó a la corte de su padre, fueron muy bienvenidos.

Höfund escuchó el caso y luego pronunció el fallo. Dijo—: El hijo de Heidrek, Angantyr, es el más noble de la tierra. Es él quien debe ser sacrificado.

—Muy bien—dijo Heidrek—pero si mi hijo es el que muere, ¿qué recompensa debo recibir?

—Deberías exigir que todos los demás hombres de la misión que te acompañaron aquí se entreguen a tu servicio—dijo Höfund—. Después de eso, dependerá de ti decidir qué es lo que se hará a continuación.

Heidrek y los demás volvieron a Reidgotaland. Heidrek le dijo a Harald cuál había sido el juicio, y Harald estuvo de acuerdo. Entregó los hombres a Heidrek, y se fijó un tiempo y lugar para el sacrificio. Pero en lugar de prepararse para la ceremonia, Heidrek reunió a su ejército y marchó hacia Harald. Hubo una gran batalla, y al final, Heidrek luchó y mató a Harald. Entonces Heidrek afirmó que todo el reino de Harald era ahora suyo, y que el sacrificio a Odín sería el de los muertos que ahora yacían en el campo. Cuando Helga se enteró de lo que su marido había hecho, estaba tan angustiada por la muerte de su padre que se ahorcó.

Llegó un momento en que Heidrek convocó a su ejército y fue a hacer campaña con ellos en el sur. Fueron a la tierra de los hunos, donde el rey se llamaba Humli. Heidrek derrotó a Humli y tomó cautiva a la hija de Humli, Sifka. Durante un tiempo, Sifka vivió con Heidrek como su amante, pero cuando quedó embarazada, Heidrek la envió de vuelta con su padre. Sifka dio a luz a un niño que se llamaba Hlöd. Hlöd fue criado por su abuelo, Humli, y se dice que era el niño más hermoso que hubo nacido.

En otra ocasión, Heidrek reunió a su ejército y fue a Saxland, pensando en conquistarla. Cuando el rey de Saxland vio el ejército de Heidrek, envió una misión para pedir la paz. Heidrek aceptó, con la condición de que el rey le diera sus tierras a Heidrek y a su hija en matrimonio, además, ya que era una doncella muy hermosa, y Heidrek había oído hablar de su gran belleza. El rey de Saxland aceptó, y así se celebró una gran fiesta para celebrar la paz y la boda de Heidrek y la hija del rey de Saxland. Heidrek incrementó su riqueza y su reino en esta operación, y se convirtió en un gran rey.

De vez en cuando, la esposa de Heidrek pedía permiso para ir a Saxland a visitar a su padre. Heidrek, por supuesto, le concedía permiso, ya que aún no había ido en contra de ese consejo de Höfund. En estas ocasiones, la reina a menudo se llevaba al pequeño Angantyr con ella.

Un verano, Heidrek había salido a hacer una incursión con algunos de sus hombres. Su viaje los llevó cerca de Saxland, así que Heidrek decidió remar hasta la costa en un pequeño bote, acompañado por otro. Fueron por la noche, en silencio a la playa en su barco y luego se arrastraron hacia la fortaleza del rey. Heidrek y su compañero fueron a la ventana de la cámara donde la esposa de Heidrek solía dormir, y miraron dentro. Allí vieron a la reina, dormida en los brazos de otro hombre de pelo largo y dorado. El pequeño Angantyr estaba en un catre propio en otra parte de la habitación.

—Seguramente los matarás a los dos—dijo el compañero de Heidrek—. Ningún rey debería tener que vivir con esa vergüenza.

—No, no los mataré—dijo Heidrek.

—Has matado a otros hombres por mucho menos.

—Sí, pero esta vez quiero hacer otra cosa.

Heidrek evadió a los vigilantes y se arrastró silenciosamente a la alcoba. Tomó su cuchillo y cortó un gran mechón de pelo de la cabeza del hombre sin despertarlo ni a él ni a la reina. Entonces Heidrek cogió al Angantyr dormido y lo llevó de vuelta a sus barcos.

Por la mañana, Heidrek navegó hasta el puerto y fue recibido con gran regocijo. El rey de Saxland convocó un festín, y cuando Heidrek se sentó en el salón, dijo—: Veo a mi señora reina, pero ¿dónde está mi hijo?

Se hizo un silencio.

La reina dijo—: Tengo una triste noticia que dar. Angantyr murió en la noche. Por eso no está aquí.

—¿Murió? ¿Mi hijo? No lo creo—dijo Heidrek—. Muéstrame su cuerpo.

La reina llevó a Heidrek al lugar donde dijo que estaba el cuerpo de Angantyr. Heidrek deshizo las envolturas alrededor del cadáver y vio que la criatura que había dentro era un perro.

—¡Bien!—dijo Heidrek—. ¡Mi hijo está realmente en un estado lamentable, ya que no solo está muerto, sino que también se ha convertido en un perro!

Entonces Heidrek mandó a buscar a Angantyr, y cuando el chico entró en la sala, Heidrek sacó el mechón de pelo de su bolso y dijo—: Aquí ves a mi hijo, bastante vivo, y no es un perro. Ahora me gustaría saber de quién de ustedes tomé este mechón de pelo.

Heidrek sostenía el mechón de pelo, similar a todos los hombres de la corte, pero no pertenecía a ninguno de ellos. Entonces

Heidrek comenzó a buscar entre los sirvientes y esclavos del lugar hasta que llegó a la cocina, donde uno de los esclavos tenía un paño envuelto alrededor de su cabeza. Heidrek arrancó la tela de la cabeza del hombre y sostuvo el mechón de pelo.

—Seguramente nadie dirá que este no es su pelo—dijo Heidrek, y todos tuvieron que admitir que sí pertenecía al hombre.

Heidrek se dirigió al rey de Saxland y le dijo—: Siempre has sido un anfitrión amable y siempre has estado en paz con mi reino. No te haré la guerra por esto, aunque tenga una causa justa. Pero a tu hija la devuelvo a ti; ya no la quiero.

Entonces Heidrek dejó la corte con Angantyr y volvió a su propio reino.

El verano siguiente, Heidrek decidió que era hora de ir en contra de otro de los consejos de su padre. Heidrek convocó mensajeros y los envió al rey de Gardar en Gardariki para pedir que le permitieran acoger al hijo del rey. El rey del Gardar escuchó la petición de Heidrek y dijo a los mensajeros—No tengo intención de enviar a mi hijo al rey Heidrek. Es un hombre malvado, astuto y hábil, y no deseo que mi hijo viva con él.

Pero la reina dijo—: ¡Piense lo que estás diciendo, milord! El Rey Heidrek puede tener una mala reputación, pero también es un rey muy poderoso, y todos saben lo despiadado que es. Si tú rechazas esta petición, él puede enojarse. Entonces nos irá mal.

Así que el rey de Gardar cedió y envió a su hijo a ser acogido por Heidrek. El joven fue bienvenido en la corte de Heidrek. Heidrek fue un buen padre adoptivo para el niño, enseñándole todo lo que necesitaba saber y amándolo como si fuera suyo.

En ese momento, Sifka, la hija de Humli, el rey de los hunos, había regresado a vivir con Heidrek. Los consejeros de Heidrek no confiaban en Sifka, así que le dijeron al rey que no le hiciera saber nada que fuera mejor mantener en secreto. Heidrek dijo que entendía sus preocupaciones y que tendría en cuenta sus consejos.

El hijo del rey de Gardar había estado en la corte de Heidrek durante unos años cuando un mensajero fue a invitar a Heidrek a un banquete en Gardariki. Heidrek, por supuesto, aceptó muy agradecido. Fue a Gardariki, llevando consigo al hijo del rey y a Sifka. Cuando llegaron, el rey de Gardar les dio una gran bienvenida, y se celebró una gran fiesta.

El banquete duró muchos días, y uno de esos días, los hombres de la corte tomaron sus sabuesos y halcones y salieron a cazar. Durante la caza, los hombres se separaron en diferentes grupos. Algunos iban por aquí, otros por allá, y Heidrek y su hijo adoptivo pronto se encontraron solos cerca de una granja solitaria. Heidrek le dijo a su hijo adoptivo—Tengo una tarea para ti. Ve a esa granja y escóndete bien. Quédate allí hasta que mande a buscarte. —Heidrek se quitó un anillo de su dedo y se lo dio al chico—. Toma este anillo como pago. Ahora vete.

El chico dudó—. No creo que esto sea apropiado para mí—dijo—pero, ya que lo pides, iré.

Heidrek miró hasta ver al chico entrar en el granero sin ser descubierto. Luego regresó a la corte del rey, donde asumió una expresión de tristeza y rechazó la compañía.

Sifka vio el comportamiento de Heidrek y preguntó qué estaba mal—. ¿Ha pasado algo, milord?—dijo ella—. ¿Por qué tan triste cuando todos los demás aquí se están regocijando?

—No debo decírtelo—dijo Heidrek—porque si se supiera, seguramente el rey haría que me arrancaran la cabeza del cuerpo.

—Vamos—dijo Sifka—dime qué pasa. Sabes que te amo y que nunca te traicionaría.

Heidrek continuó rechazando su petición mientras Sifka lo acariciaba y besaba, pensando en persuadirlo para que confesara su secreto de esa manera. Finalmente, Heidrek cedió y dijo—: Te lo diré, pero no debes decir una palabra a nadie más. ¿Lo juras?

—Lo juro—dijo Sifka—. Ahora dime qué te preocupa.

—Mi hijo adoptivo y yo fuimos de caza con los hombres del rey. Nos encontramos solos en un huerto de manzanas. El día había sido largo, y el niño tenía hambre. Me pidió que le consiguiera una manzana de uno de los árboles, ya que no era lo suficientemente alto para alcanzar una por sí mismo. Sin pensarlo, saqué mi espada y corté una manzana para él, pero cuando fui a envainar la espada, me di cuenta de que no podía hacerlo. Entonces recordé el encantamiento de Tyrfing, que no puede ser envainada una vez desenvainada a menos que haya probado la sangre. Así que le corté la cabeza al chico con la espada y escondí el cuerpo. Por eso estoy inquieto, porque una vez que el rey se entere, seguramente hará que me maten.

Al día siguiente, el rey del Gardar organizó una fiesta de bienvenida en el gran salón. Todo el mundo se sentó a lo largo de las mesas y bebió toda la cerveza que deseaban. Sifka se sentó junto a la reina del Gardar. La reina se volvió hacia Sifka y le dijo—Tu Heidrek está ciertamente sombrío en estos días. Apenas ha tocado su cerveza. ¿Qué es lo que pasa? ¿Está enfermo?

Oh, no, milady—dijo Sifka—no está enfermo en absoluto. Está triste porque mató a su hijo y tiene miedo de lo que será de él.

Sifka le contó a la reina todo lo que había escuchado de Heidrek, y cuando su historia terminó, la reina se levantó de la mesa y salió corriendo de la sala, derramando muchas lágrimas de dolor. El rey vio a su reina irse, así que se dirigió a Sifka y le dijo—: Te vi conversando con mi señora reina. ¿Qué le dijiste para angustiarla tanto?

—Si le complace a milord—dijo Sifka—solo le dije lo que pasó entre el rey Heidrek y tu hijo en la cacería de ayer. Heidrek mató al niño; cuando la reina oyó la noticia, se afligió, y por eso huyó de la sala, llorando.

El rey de Gardar se enfadó mucho. Llamó a sus hombres para que capturaran a Heidrek—. ¡Tomen a ese hombre prisionero!—ordenó—. ¡Encadénenlo para que responda por sus crímenes!

Los hombres del rey se quedaron en un silencioso desconcierto. A todos les gustaba mucho Heidrek y no veían razón alguna para encadenarlo. Entonces dos hombres se pusieron de pie y dijeron— Haremos esto, milord. —y agarraron a Heidrek, lo ataron, y lo pusieron de pie ante el rey de Gardar. Estos dos hombres eran los que Heidrek había rescatado de sus ataduras hace muchos años.

Heidrek, mientras tanto, envió a uno de sus hombres a buscar al joven príncipe, mientras que el rey de Gardar convocó a su corte para escuchar los cargos contra Heidrek. El rey le dijo al pueblo lo que Sifka le había dicho, que Heidrek había matado a su hijo. Entonces el rey dijo—Por este acto sucio, Heidrek, ordeno que te cuelguen del cuello hasta que mueras, como el perro asesino que eres.

Justo cuando el rey pronunció su sentencia, el joven vino corriendo a la corte—. ¡Padre!—gritó—. ¡Por favor, no lo mates! Estoy vivo y bien, y el Rey Heidrek no ha hecho nada para dañarme. Ha sido el mejor de los padres adoptivos, y no tienes ninguna razón para hacerle daño.

Heidrek fue liberado de sus ataduras e inmediatamente se preparó para salir. La reina del Gardar vio que Heidrek todavía estaba muy enojado por lo que había pasado, así que fue al rey y le dijo—: Es vergonzoso permitir que Heidrek se vaya sin alguna recompensa. Ofrécele algo en compensación, y reconcíliate con él.

El rey estuvo de acuerdo en que el consejo de la reina era bueno, así que fue a Heidrek y le dijo—: Me gustaría que pudiéramos ser amigos de nuevo. Deseo recompensar la vergüenza que sufriste en mis manos. Tengo una gran reserva de oro y me gustaría desprenderme de cada moneda para reparar tu daño.

—Tengo suficiente oro—dijo Heidrek—. Guarda tu tesoro.

El rey se fue triste porque no pudo apaciguar a Heidrek. Cuando le dijo a la reina lo que había pasado, la reina dijo—Si no quiere tomar el oro, ofrécele tus mejores hombres y una parte de tu reino. Seguramente no podrá rechazar tal regalo.

El rey fue a Heidrek y le dijo—: Si no tomas mi oro, toma a mis mejores vasallos como tuyos y una parte tan grande de mi reino como quieras. Te doy todo de buena gana para reparar el daño que he causado.

Heidrek dijo—: Tengo suficientes hombres, y mi dominio ya es muy grande. No te quitaré nada de eso.

Una vez más, el rey se fue triste porque Heidrek no aceptó lo que se le ofreció. Le contó a la reina lo que había pasado, y ella dijo—: Si no toma ni oro, ni hombres, ni tierras, entonces dale tu más preciada posesión. Ofrécele la mano de tu hija.

—Esperaba que no fuera necesario, pero ahora veo la sabiduría en eso. Haré lo que tú sugieres.

El rey fue a Heidrek y le dijo—: Si no te llevas ningún tesoro, ni hombres, ni tierras, ¿entonces quizás consentirás en casarte con mi hija? No tengo nada más precioso, y me duele que nos separemos sin reconciliarnos.

Heidrek aceptó este regalo y así hizo las paces con el rey del Gardar.

Cuando Heidrek regresó a casa, decidió que necesitaba deshacerse de Sifka. La convocó y le dijo—Prepárate para salir. Vamos a hacer un viaje juntos.

Sifka hizo lo que le dijo. Se encontró con Heidrek en el patio, donde el mejor caballo de Heidrek estaba ensillado. Heidrek puso a Sifka sobre este animal, luego tomó las riendas y lo llevó lejos de su fortaleza. Caminaron durante un largo camino, hasta que el caballo finalmente se agotó tanto que se cayó y no se levantó. Heidrek dejó el caballo donde estaba y ordenó a Sifka que caminara. Continuaron hasta que llegaron a un río que era ancho y profundo. Sifka dijo— ¿Cómo voy a cruzar tal río? No tengo la fuerza para hacerlo.

Heidrek dijo—: Súbete a mis hombros y te llevaré al otro lado.

Sifka lo hizo, pero en el medio del arroyo, Heidrek la arrojó de sus hombros. Agarró su cuerpo y le rompió la columna vertebral, y luego la arrojó al río, donde ella flotó con la corriente, muerta. Entonces Heidrek regresó a casa y ordenó que se celebrara un gran banquete de bodas. Se casó con la hija del rey del Gardar. Juntos tuvieron una hija llamada Hervor. Fue criada en Inglaterra por el Conde Frodmar y se convirtió en una mujer guerrera, y era tan valiente como el guerrero más fuerte.

### De Heidrek y el Concurso de Acertijos

Heidrek se había convertido en un señor muy rico y en el rey de un amplio reino. Todos los señores de las tierras de los alrededores lo respetaban, y muchos le pagaban tributo. Habiendo terminado sus días de conquista, Heidrek se puso a poner orden en su reino. Declaró que todas las disputas serían escuchadas por un grupo de doce jueces elegidos entre los hombres más sabios de la tierra, y que su palabra debería decidir los casos que se presentaran ante ellos. Heidrek también crio un jabalí especial que dedicó al dios Frey. El jabalí era casi tan grande como un buey adulto, y su pelaje estaba hecho del más suave y fino pelo que brillaba como el oro al sol.

Se hizo costumbre que todos los hombres de la corte de Heidrek se reunieran en un banquete en la víspera de la Navidad, y en este banquete, harían sus votos para el año siguiente. Pero en lugar de beber la copa de compromiso, ponían una mano en la cabeza del jabalí dorado y otra en su espalda y así hacían sus votos, jurando por el gran animal que tenían debajo de sus manos. Una noche de Navidad, los hombres se turnaron para jurar sobre el gran jabalí, y cuando llegó el turno de Heidrek, dijo—: Juro por el jabalí dorado de Frey: que cualquiera que se presente ante los doce jueces y haga que su caso vaya contra él, ese hombre recibirá su libertad si se presenta ante mí y me supera en un concurso de acertijos.

Sucedió que un hombre llamado Gestumblindi se enemistó con Heidrek, quien lo convocó para que respondiera ante los doce jueces. Gestumblindi sabía que el juicio iba a ir en su contra, así que ofreció muchos sacrificios a Odín, rezando para que fuera liberado de su destino. La noche antes del juicio, Gestumblindi se sentó a mirar el fuego, preocupado por lo que podría ocurrir en la mañana. Suspiró y se levantó de su silla, pensando que sería mejor que se fuera a dormir. Cuando se apartó del fuego, vio a un hombre de pie delante de él. El hombre estaba vestido con ropa de viajero y un sombrero de ala ancha. Tenía una poderosa lanza en una mano y un parche en un ojo. Era nada menos que el propio Odín, que había escuchado la oración de Gestumblindi.

—Paz, Gestumblindi—dijo Odín—. No temas, porque he recibido tus sacrificios y he venido a ayudarte. Esto es lo que harás: Mañana no irás al juicio. Te quedarás aquí en casa. Escóndete y que nadie te vea, porque yo tomaré tu forma e iré en tu lugar, y todo estará bien.
—entonces Odín desapareció, dejando a un tembloroso y agradecido Gestumblindi de pie en un salón vacío.

Por la mañana, Odín tomó la forma de Gestumblindi y fue al juicio. Los jueces escucharon la evidencia y decidieron en contra de Gestumblindi—. Has escuchado el juicio—dijo el rey—. ¿Aceptarás tu castigo, o te enfrentarás a mí en un concurso de acertijos?

—Sé que eres un hombre astuto y hábil—dijo Gestumblindi—. Temo que haga lo que haga, el fin será el mismo para mí.

—Sea como fuere—dijo el rey—aún debes decidir aquí y ahora qué camino tomarás.

—Muy bien—dijo Gestumblindi—. Jugaré a los acertijos contigo.

—Bien—dijo el rey—. Pregúntame un acertijo, y si no puedo responderlo, quedarás libre. Si respondo a todos tus acertijos, el castigo se mantiene.

—Aquí está mi primer acertijo—dijo Gestumblindi.

*Dejé mi casa y me fui de viaje.*

*Viajé por un camino hecho de carreteras.*

*Había un camino sobre mí*

*Y un camino debajo de mí*

*Y caminos a cada lado de mí.*

*¿Cuál es la respuesta a mi enigma?*

—Ah, esa es fácil—dijo el rey—. Cruzaste un puente, y había pájaros volando sobre ti y a tu lado. El puente pasaba sobre un río que tenía peces nadando en él. Cuéntame otro.

Gestumblindi dijo,

*Ayer cuando me desperté, bebí un trago*

*que no era vino, ni tampoco cerveza,*

*y no bebí aguamiel ni comí comida,*

*y sin embargo, calmé mi sed.*

*¿Cuál es la respuesta a mi enigma?*

—Este es bueno—dijo el rey—pero yo sé la respuesta. Te tumbaste en la hierba, y cuando te despertaste, lamiste el rocío que había caído. Cuéntame otro.

Gestumblindi dijo,

*¿Quién es el que grita*

*mientras camina por caminos difíciles*

*que pisa una y otra vez?*

*Tiene dos bocas*

*y siempre se está besando,*

*y el camino que pisa está hecho de oro.*

—Esto es obvio—dijo Heidrek—. Es el martillo usado por un orfebre, y sus chillidos son los sonidos que hace cuando golpea el yunque. ¿No tienes mejores acertijos?

Gestumblindi dijo,

*Paso por encima del suelo*

*tragando el bosque y el campo a medida que avanzo;*

*Huyo ante ningún hombre*

*pero yo corro cuando sopla el viento,*

*y siempre lucho contra el sol.*

—Eso es la niebla—dijo Heidrek—. Lo envuelve todo y borra el sol, pero el viento puede arrastrarlo. ¿Tienes otro acertijo?

Gestumblindi dijo,

*Las doncellas somos nosotros,*

*corriendo todas juntas*

*mientras nuestro padre nos persigue.*

*Nuestro cabello es pálido*

*y nuestras capuchas son blancas,*

*y ningún hombre nos conocerá jamás.*

—Yo conozco este—dijo Heidrek—. Esas son olas. Dime otro.

Gestumblindi dijo,

*Tengo cuatro que cuelgan hacia abajo,*

*Cuatro tengo que pisar el suelo.*

*Para mostrar la salida tengo dos*

*y también, para mantener alejados a los perros.*

*Un asqueroso cuelga detrás de mí.*

—¡Ja!—gritó Heidrek—. Eso es fácil. Es una vaca. ¿No tienes mejores acertijos?

Gestumblindi dijo,

*Yo soy el que corre*

*con diez pies y tres ojos*

*y solo tengo una cola.*

—Ese es Odín cuando cabalga sobre Sleipnir—dijo Heidrek—. Haz tu próximo acertijo más difícil.

—Este acertijo será el último, y solo conocerás la respuesta si eres realmente el más sabio de todos los reyes—dijo Gestumblindi—. Aquí está mi acertijo: ¿Qué le susurró Odín al oído a Baldur antes de encender su pira?

—¿Quién sino tú sabría la respuesta?—gritó Heidrek mientras desenvainaba su espada y le cortaba a Odín. Pero Odín se convirtió en un halcón y salió volando, y el golpe solo le cortó el extremo de las plumas de su cola. Es por eso que los halcones tienen hoy en día colas cortas.

Entonces Odín tomó su propia forma y dijo—Heidrek, has tratado de matarme sin causa justificada, y por esto declaro tu perdición: Morirás una muerte humilde, asesinado no en batalla por un guerrero sino en tu cama por un esclavo. —entonces Odín desapareció, dejando a Heidrek reflexionar sobre lo que había dicho.

Algunos años antes, Heidrek había hecho una incursión y había capturado nueve esclavos. Estos esclavos eran todos nobles, y se irritaban al ser esclavizados. Siempre buscaban formas de escapar y esperaban pacientemente hasta ver su oportunidad.

Esa oportunidad llegó cuando una noche el rey Heidrek fue a su habitación a dormir. Tenía pocos guardias, y la noche estaba sin luna y quieta. Los esclavos encontraron armas y se arrastraron hasta el salón del rey y luego por el corredor hasta donde el rey dormía. Mataron a los guardias y entraron en la cámara de Heidrek, donde lo durmieron en su cama. Así, pereció el rey Heidrek el Sabio.

Por la mañana, Angantyr, el hijo del rey, convocó un gran consejo donde anunció la muerte del rey Heidrek. Los nobles declararon que Angantyr debía ser el rey del reino, y Angantyr aceptó—. Sin embargo—dijo—los asesinos de mi padre siguen libres.

No asumiré el trono hasta que los haya encontrado y haya vengado a mi padre.

Angantyr tenía una razón para encontrar a los esclavos aparte de la venganza, porque cuando los esclavos mataron al rey, también sacaron a Tyrfing de su cama y se la llevaron con ellos. Angantyr no debía ser privado de su derecho de nacimiento, así que fue a buscar a los esclavos para matarlos a todos y llevarse a Tyrfing de vuelta.

Una noche, Angantyr se encontró caminando por la desembocadura del río Grafa, donde vio a tres hombres en un bote, pescando. Mientras Angantyr miraba, uno de los hombres cogió un pez con su sedal y lo metió en la barca.

—Pásame el cuchillo del cebo, ¿quieres?—dijo el hombre que había pescado.

—Tendrás que esperar—dijo el otro—. Lo estoy usando en este momento.

En lugar de esperar, el primer hombre tomó una espada del fondo del barco. Sacó la espada y la usó para cortar la cabeza del pez. Entonces el hombre dijo,

*Un lucio es quien pierde la cabeza*

*en pago por la muerte de Heidrek*

*aquí en la boca de Grafa*

*a los pies de las montañas Harvathi.*

Cuando Angantyr escuchó esto, supo que los hombres eran tres de los esclavos fugados y que la espada era Tyrfing. Angantyr vio como los pescadores terminaban su trabajo y luego remaban de vuelta a la orilla. Esperó en el bosque hasta que cayó la noche, y luego buscó el lugar donde los esclavos habían acampado. Se metió en su campamento mientras dormían, luego bajó su tienda y los mató a todos. Luego tomó a Tyrfing y regresó a su fortaleza, habiendo vengado la muerte de su padre.

*El siguiente episodio de la saga cuenta el conflicto entre Angantyr y su medio hermano, Hlöd. Hlöd va a Reidgotaland para exigir su parte de la herencia. Angantyr hace una generosa oferta, aunque le falta un reparto equitativo de las tierras y el tesoro de Heidrek. Gizur, el padre adoptivo de Hlöd y uno de los cortesanos de Angantyr, piensa que menos de la mitad de la parte es aún demasiado grande, considerando que la madre de Hlöd fue cautiva de guerra y sirvienta. Hlöd se siente muy insultado por esto. Vuelve a casa y le dice a su abuelo, Humli, el rey de los hunos, que Angantyr se negó a compartir la herencia en partes iguales. Humli reúne un gran ejército para desafiar a Angantyr en venganza por el insulto. La batalla se prolonga durante ocho días. El último día, Angantyr mata a Hlöd y a Humli, muy a su pesar, y los guerreros góticos derrotan al ejército húngaro.*

*La última parte de la saga es una concisa historia de los reyes de Suecia desde el nieto de Angantyr, Ivar el del largo brazo (aprox. 655- 695), hasta Filip Halstensson (aprox. 1105-1118).*

# Selecciones de la Saga de Örvar-Oddr

Ya hemos conocido al héroe Örvar-Oddr en la saga del Rey Heidrek, donde acompaña a su amigo y hermano de sangre Hjalmar a una batalla para determinar si Hjalmar era apto para casarse con la hija del Rey Yngvi Además de las apariciones como invitado en otras sagas, Oddr es también el tema de una saga propia, que cuenta su nacimiento y su infancia, sus viajes a lugares lejanos como Irlanda y Permia (un área alrededor del río Kama en lo que hoy es Rusia), sus batallas con vikingos y gigantes, y de cómo se casa y se convierte en rey.

El nombre de Örvar-Oddr se traduce literalmente como "Punta de Flecha". (Otras versiones del nombre en fuentes modernas son Flecha-Odd y Orvar-Odds.) Su nombre de pila es Oddr ("Punto"), pero el resto del apodo lo añadió un gigante que vio unas flechas mágicas que Oddr tenía en su aljaba y lo apodó "Örvar-Oddr". A diferencia de muchos héroes antiguos, Oddr tiene dos padres humanos y un nacimiento relativamente normal, pero cuando crece, tiene la fuerza y la habilidad de un héroe y la extraña habilidad de su familia para hacer que el viento suba simplemente *levantando una vela. Oddr* también es testarudo e irreverente, un embaucador en un momento y un temible guerrero en el siguiente.

Como es propio de un héroe así, Oddr es objeto de una profecía sobre la forma de su muerte: Una serpiente venenosa que se esconde en el cráneo de un caballo llamado Faxi lo morderá. Oddr toma medidas para derrotar la profecía, pero ningún hombre puede desafiar al destino. Cuando Oddr regresa a Berurjod, donde fue acogido, pica el cráneo de un caballo que encuentra tirado en la playa, y como se predijo, una serpiente venenosa golpea desde abajo, y Oddr muere por el veneno de la serpiente.

La saga de Oddr es demasiado larga para presentarla en su totalidad en este libro, y por lo tanto solo unos pocos episodios selectos son contados aquí.

La infancia de Örvar-Oddr

Una vez hubo un hombre llamado Grim Hairy-Cheeks que vivía en Hrafnista en Noruega. Grim era el hijo de Ketil Trout, y era un hombre muy rico y muy respetado. La esposa de Grim era Lofthaena, la hija de Harald, jefe de Oslofjord. Lofthaena era muy hermosa y la mujer más inteligente de toda Noruega. Grim la amaba mucho y no podía soportar negarle lo que quisiera.

Un día, Grim decidió navegar a Oslofjord para atender algunos asuntos que tenía allí. Tenía la intención de ir sin su esposa en este viaje en particular porque estaba embarazada de su primer hijo, y no quería que nada la pusiera en peligro. Pero cuando Lofthaena escuchó que se iba a Oslofjord, ella exigió ir con él. Grim trató de disuadirla, pero Lofthaena insistió, y entonces Grim le permitió ir con él.

Grim equipó dos buenos barcos, y el día que debían partir, tenían un viento favorable. Habían navegado hasta Berurjod cuando Lofthaena gritó—. Esposo—dijo—debemos desembarcar de inmediato. Mis dolores están sobre mí.

Grim ordenó inmediatamente que su barco navegara hacia tierra. Desembarcaron cerca de la casa de un hombre llamado Ingjald, que vivía allí con su esposa y su joven hijo, que se llamaba Asmund. Grim envió mensajeros a la casa de Ingjald para pedirle ayuda, y cuando Ingjald escuchó el mensaje, enganchó sus caballos a un carro y fue él mismo a la playa para ver qué se podía hacer por Lofthaena y Grim.

—Por favor, vengan a mi casa—dijo Ingjald—. Estamos bien preparados para los invitados, y mi esposa y las otras mujeres de mi casa estarán más que felices de ayudar a la suya con su trabajo de parto.

Grim y Lofthaena aceptaron con gratitud la invitación de Ingjald. Fueron a la casa en su carro, y allí Lofthaena fue entregada al cuidado de la esposa de Ingjald, mientras que a Grim se le instaló en asiento alto en el salón de Ingjald para esperar el nacimiento de su hijo. Ingjald era el más amable de los anfitriones; sus invitados no tenían nada que hacer y eran tratados con gran honor.

Lofthaena pasó su parto a salvo. Su hijo era un niño vigoroso, y todas las mujeres de la casa dijeron que nunca habían visto un bebé más hermoso. Lofthaena sostuvo a su hijo y dijo—Llévenlo con su padre para que pueda obtener su nombre.

Las mujeres llevaron el bebé a Grim, que estaba encantado de ver a su nuevo hijo. Grim lo llamó Oddr y lo roció con agua.

Después de tres días en la casa de Ingjald, Lofthaena dijo que estaba lista para reanudar el viaje a Oslofjord. Grim fue a Ingjald para hacerle saber que se iban.

—Antes de que te vayas—dijo Ingjald— ¿no me honrarás con un regalo?

—Con toda seguridad lo haré—dijo Grim—. Mi esposa y yo estamos en deuda contigo por tu hospitalidad, y yo soy muy rico. ¿Cuánto de mi dinero te gustaría tener? Lo que pidas, será tuyo.

—No quiero dinero—dijo Ingjald—. Tengo mucho para mí.

—Está bien—dijo Grim—. Pídeme otra cosa, entonces.

—Dame a tu hijo en acogida—dijo Ingjald.

—Estoy dispuesto, pero primero tengo que preguntarle a la madre del niño lo que piensa—dijo Grim.

Cuando Grim preguntó a Lofthaena sobre permitir a Ingjald acoger a Oddr, Lofthaena dijo—Nuestro anfitrión nos honra con esa petición. Deja que Oddr se quede aquí como hijo adoptivo de Ingjald.

Ingjald vio a sus invitados bajar a su barco para su partida. El pequeño Oddr se quedó en la casa con la esposa de Ingjald. Había un viento favorable, así que Grim y Lofthaena navegaron rápido y seguro a Oslofjord, donde llevaron a cabo sus negocios. Cuando esto se completó, navegaron hacia su casa.

Cuando se acercaron a Berurjod, Grim le dijo a Lofthaena— ¿Iremos a la casa de Ingjald para que puedas visitar a tu hijo?

Lofthaena respondió—: No hay necesidad. Lo vi antes de que nos fuéramos, y no creo que se arrepintiera de vernos marchar. Continuemos nuestro camino a casa.

Y así Grim y Lofthaena volvieron a Hrafnista, mientras que Oddr se quedó en casa de Ingjald y se crió con el hijo de Ingjald. Ingjald crió bien al hijo de Grim y Lofthaena. Incluso tenía un mejor concepto de Oddr que de su propio hijo.

Oddr era el más fuerte y más guapo de todos los chicos en kilómetros a la redonda. Aprendió a hacer deporte y a disparar con arco y flecha, aunque era un chico muy serio y no jugaba a los juegos como suelen jugar los niños. Tan pronto como Asmund y Oddr tuvieron la edad suficiente, se convirtieron en hermanos de sangre, y Asmund estaba con Oddr dondequiera que fuera.

A Oddr le gustaba mucho el tiro con arco. Coleccionaba flechas de todos los fabricantes de flechas que encontraba, pero no las guardaba adecuadamente. Las dejaba tiradas por todas partes para que la gente siempre tropezara con ellas en la oscuridad, o peor aún, se sentara en sus puntas por accidente. Esto sucedió tan a menudo que la gente comenzó a quejarse con Ingjald.

—Debes hacer algo con ese Oddr y sus flechas—decían—. La situación se ha vuelto bastante molesta, y además, es peligrosa.

Ingjald accedió a hablar con su hijo adoptivo sobre esto. Fue a Oddr y le dijo—: Si no tienes cuidado, vas a tener una muy mala reputación muy pronto.

—¿Por qué?—dijo Oddr.

—Dejas tus flechas esparcidas por todas partes. La gente se ha tropezado con ellas e incluso se ha sentado sobre ellas, y están tan cansados de esto que han empezado a quejarse de ello.

—Eso no es culpa mía—dijo Oddr—. Nunca has hecho una aljaba para que yo las ponga.

—Estaré encantado de darte una buena aljaba—dijo Ingjald—. Solo dime lo que quieres.

—Oh, no creo que estés contento con esto en absoluto—dijo Oddr.

—Te di mi palabra—dijo Ingjald—. Pide.

—Toma la cabra negra de tres años que está en tu rebaño. Mátala y despelléjala, pero deja los cuernos y las pezuñas pegadas. Hazme una aljaba de ese pellejo, y ten en cuenta que los cuernos y las pezuñas son parte de la aljaba.

Ingjald se aseguró de que la aljaba se hiciera exactamente como Oddr la había pedido. Oddr puso todas sus flechas en ella. Era una gran aljaba, más grande que cualquiera de los demás, y llena de flechas más largas y más fuertes que las flechas que cualquiera de los demás usaba. Cuando la aljaba estaba llena, Oddr hizo que le hicieran un arco que coincidiera con las flechas.

A Oddr le gustaba vestirse bien. Tenía una fina túnica roja que le gustaba llevar todos los días, y una cinta de oro que se ponía alrededor de la cabeza. Dondequiera que iba, llevaba su aljaba y su arco con él. Oddr tenía otra peculiaridad: no creía en los dioses y se negaba a ofrecer sacrificios—. Soy lo suficientemente fuerte para cuidarme a mí mismo—decía cuando la gente le preguntaba sobre esto—. No necesito la ayuda de un dios para hacer lo que hay que hacer.

Asmund se unió a Oddr en esta negativa, y en esto ambos eran diferentes a su padre adoptivo, que regularmente ofrecía sacrificios a Odín y a los otros dioses. Asmund también se unió a Oddr en su bote, y los dos podían ser vistos a menudo remando juntos por la costa.

*La profecía*

Una vez hubo una anciana sabia llamada Heid. Tenía el don de la visión y viajaba por todo el país diciendo a la gente cuál sería su destino. Un día, fue a visitar a uno de los vecinos de Ingjald, e Ingjald oyó que era una invitada allí.

Ingjald fue a Asmund y Oddr y dijo—Tengo algo que necesito que hagas por mí.

—¿Qué es eso?—preguntó Oddr.

—La vidente Heid está de visita no muy lejos de aquí—dijo Ingjald—. He preparado un festín para ella. Quiero que la invites aquí para que pueda contarles a todos su destino.

—Absolutamente no—dijo Oddr—. No quiero a esa vieja bruja cerca de mí. No te atrevas a tenerla en esta casa.

—Muy bien—dijo Ingjald—. Asmund puede hacer el recado solo tan bien como en tu compañía, y es más obediente, de todas formas.

—No envíes a Asmund solo tampoco—dijo Oddr—. Si esa bruja viene aquí, tendré que hacer algo para mostrarte lo disgustado que estoy.

Al final, Asmund fue solo a invitar a Heid a la casa de su padre. Heid aceptó con gusto y fue a la casa de Ingjald con los quince chicos y quince chicas que la atendieron en todos los lugares a los que iba. Cuando Heid llegó, Ingjald fue a buscarla a la puerta con todos los hombres de su casa. Ingjald invitó a Heid a entrar y se aseguró de que tuviera todo lo necesario para la adivinación, que iba a ser el día después de la fiesta. Heid y sus seguidores celebraron un buen festín con Ingjald y su casa, y cuando la comida terminó, Ingjald y su gente se acostaron mientras Heid y sus seguidores dejaban la casa para hacer los rituales necesarios para la adivinación.

Por la mañana, Ingjald fue a ver a Heid y le dijo— ¿Tus rituales fueron bien? ¿Estás lista para decirnos nuestro destino?

—Salieron bien—dijo Heid—. Estoy lista.

Ingjald reunió a su familia—. Siéntense todos. Subiremos de uno en uno para que Heid nos diga lo que nos espera en el futuro.

Como cabeza de familia, Ingjald fue el primero. Se paró frente a la vieja vidente, quien dijo—Me alegro de verte aquí, Ingjald. Tu destino es ser respetado y honrado por todos por el resto de tu vida.

Ingjald estaba muy contento con esto. Le dio las gracias a Heid y volvió a su asiento.

Asmund fue el siguiente en tomar su turno.

—Me alegro de verte aquí, Asmund. Tendrás una buena reputación en todas partes. No vivirás hasta una gran edad, pero todo el mundo sabrá lo valiente que eres y lo buen guerrero que eres.

Asmund agradeció a la vidente y volvió a su asiento. Cada persona de la casa se turnó para escuchar su destino de ella, y nadie se fue decepcionado. Después de que Heid hablara con cada uno de ellos, hizo algunas profecías sobre el invierno que vendría y sobre muchas otras cosas. Ingjald le agradeció cuando terminó.

—Ahora—dijo Heid— ¿estamos seguros de que he visto a todos en tu casa? No quiero dejar el trabajo sin terminar.

—Creo que sí—dijo Ingjald.

—¿Qué es eso de ahí en ese banco?—preguntó Heid.

Ingjald miró en esa dirección—. Oh, es solo una capa que alguien dejó.

—Es una extraña capa que se mueve cada vez que la miro—dijo Heid.

Tan pronto como Heid dijo esto, la persona bajo la capa se sentó. Era Oddr, quien estaba furioso porque Ingjald había invitado a la vidente en contra de sus deseos.

—Sí, esta capa se mueve, porque estoy aquí debajo de ella—dijo Oddr—. Y te diré lo que quiero de ti: Quiero que te calles y te vayas. No se te quiere aquí. No hay nada que puedas decirme sobre mi futuro, así que tienes que irte ahora mismo.

Oddr sostenía un palo, que le mostró a Heid—. ¿Ves este palo? Te golpearé con él si dices una palabra profética sobre mí.

—No me quedaré callada—dijo Heid—. Es mi deber decir el destino de todos los que vienen ante mí. Además, harías muy bien en escucharme. —entonces Heid dijo esta profecía:

*No me asustas*

*Oddr, hijo adoptivo de Ingjald.*

*Tu palo no es más fuerte*

*que mi visión,*

*y siempre digo la verdad.*

*Corre y véte como puedas,*

*en la ola, en la orilla,*

*el destino siempre encuentra un hombre*

*sin importar a dónde vaya.*

*Atado estarás*

*a tu destino*

*para morir aquí en Berurjod.*

*Del cráneo de Faxi*

*la astuta serpiente atacará.*

*Colmillos venenosos*

*encontrarán tu talón,*

*diseminando la muerte a ti*

*después de haber vivido una larga vida.*

Entonces la vidente dijo–: También tengo esto que decirte: Tu vida será muchas veces la de otros hombres. Trescientos años vagarás por el mundo, y dondequiera que vayas conquistarás. Pero no importará lo bien que luches o lo bien que todos te estimen; el cráneo del caballo Faxi será tu perdición, aquí mismo en Berurjod. No hay manera de que puedas escapar a tu destino.

–¡Cállate, bruja!–gritó Oddr–. ¡Te dije que no dijeras nada de mí!

Entonces Oddr golpeó a la vidente en la cara con su bastón, rompiéndole la nariz y cubriéndole la cara con sangre.

–No me quedaré aquí ni un momento más–dijo la vidente–. Coge mis pertenencias. Me voy a ir. Nunca me han tratado así en un lugar donde hice profecías.

–Por favor, no te vayas–dijo Ingjald–. Permíteme recompensarte. Tengo muchos regalos valiosos para darte si te quedas aquí por tres noches más.

–Los regalos aceptaré como compensación por mi lesión–dijo la vidente–pero no me quedaré ni un momento más.

Tan pronto como Ingjald le dio a la anciana los regalos que le había prometido, ella se fue de su casa y nunca volvió.

Cuando la vidente se fue, Oddr fue a Asmund y le dijo–: Ven conmigo. Tenemos un trabajo que hacer.

Oddr y Asmund fueron a los establos, donde encontraron el caballo llamado Faxi. Sujetaron al caballo y luego lo llevaron lejos de la casa y al bosque. Encontraron el lugar que Oddr buscaba, y allí ataron el caballo mientras los dos cavaban un pozo profundo. Cuando terminaron de cavar, el borde de la fosa estaba a muchos metros por encima de sus cabezas. Una vez que Oddr estuvo satisfecho de que la fosa era lo suficientemente profunda, mataron a Faxi y empujaron su cuerpo dentro de la fosa. Entonces Oddr y Asmund reunieron muchas piedras grandes y las empujaron al pozo encima del cuerpo del caballo. Sobre cada capa de piedras, vertieron una capa de arena para sellar las grietas entre las piedras, y no se detuvieron hasta que levantaron un gran montículo sobre la tumba del caballo.

Cuando el trabajo estuvo hecho, Oddr miró el montón de piedras y sonrió–. Vamos a ver si el cráneo de Faxi puede arreglárselas para salir de ahí–dijo–. Eso le enseñará a esa vieja bruja a hacer profecías sobre mí. No hay forma de que nada de lo que dijo se haga realidad.

Oddr y Asmund volvieron a la casa, donde fueron a hablar con Ingjald. Oddr le dijo a Ingjald–: Dame unos barcos.

—¿Para qué?—dijo Ingjald–. ¿Qué planeas hacer con ellos?

—Me voy—dijo Oddr–. Me voy y no volveré nunca más.

—Por favor no te vayas—dijo Ingjald–. No soporto verte partir.

—No puedes convencerme—dijo Oddr–. No me quedaré más tiempo.

—No puedes navegar un barco tú solo—dijo Ingjald–. ¿Quién irá contigo? ¿Dónde está tu tripulación?

—Asmund viene conmigo—dijo Oddr–. Podemos navegar muy bien por nosotros mismos.

—Es difícil para ti dejarme, Oddr, y llevarte a mi hijo contigo. Vete si debes hacerlo, pero deja que Asmund vuelva pronto.

—Oh, Asmund no volverá antes que yo—dijo Oddr—. Y además, esto es por invitar a esa horrible vieja bruja cuando te dije que no quería que lo hicieras.

Así que Ingjald le dio a Oddr y Asmund uno de sus barcos, y cuando se prepararon para el viaje, bajó a la playa para despedirlos.

—Buena suerte—dijo Ingjald—. Buena suerte y un viaje seguro. Tal vez algún día los vuelva a ver a ambos.

Cuando Oddr y Asmund se despidieron de Ingjald, empujaron su barco hacia las olas y se alejaron remando. Ingjald los miró hasta que se alejaron remando, y luego volvió a su casa.

*Örvar-Oddr en la tierra de los gigantes*

Un día, Oddr viajaba por ahí y llegó a un escarpado acantilado que daba a un barranco. En el barranco había un río que rugía con los rápidos de una cascada. Oddr necesitaba llegar al otro lado del barranco, pero no podía ver el camino para cruzar. Decidió descansar para pensar en qué hacer a continuación. Apenas se sentó cuando algo muy grande y muy fuerte lo agarró por los hombros y lo levantó del suelo. Un buitre gigante había bajado en picado y agarrado a Oddr en sus garras, y ahora se iba volando con él.

El buitre voló muy lejos. Navegó sobre el barranco y sobre las tierras de más allá. Siguió navegando a través del mar hasta que llegó a una isla que se elevaba del mar en acantilados escarpados. En una plataforma de roca en la ladera del acantilado estaba el nido del buitre, y en el nido había varios pichones hambrientos. El buitre dejó caer a Oddr en el nido entre los pichones, pero Oddr permaneció ileso porque llevaba puesta su camisa mágica que le protegía de todas las heridas.

Oddr estaba en una situación aún peor que la que tenía al borde del acantilado, porque aquí los acantilados eran absolutamente escarpados tanto por encima como por debajo, y no había manera de que saliera de su aprieto. Miró por encima del borde del nido y vio el mar agitándose debajo. Por un momento, pensó en saltar del nido al agua, pero luego lo pensó mejor porque el agua estaba muy lejos, y no tenía idea de en qué dirección debía nadar para llegar a tierra o incluso cuán lejos podría estar la tierra. Oddr decidió que por el momento se escondería en una grieta cerca del nido y esperaría la oportunidad de escapar.

Cada día, el buitre volaba lejos del nido y regresaba con algún tipo de carne en sus garras con la que alimentar a sus crías. Traía todo tipo de animales y peces, y a veces incluso restos humanos, que los polluelos engullían con avidez. A veces el buitre traía carne cocida, que Oddr les arrebataba y se la comía.

Un día, justo después de que el buitre dejara varios bueyes grandes y asados para que sus polluelos comieran, Oddr vio un bote remando hasta el borde del acantilado. En el bote había un gigante. El gigante miró hacia el lugar donde estaba el nido del buitre y dijo—: Ahí está. Ese es el nido de ese pájaro asqueroso que sigue robándome la cena. Tenía la intención de darme un buen festín con los bueyes del rey, no de dar un festín a otros. Ahora solo tengo que averiguar cómo librarme de esta plaga.

Cuando Oddr oyó al gigante, salió de su escondite, mató a todos los polluelos y se puso de pie. Le gritó al gigante—: Todas tus cosas están aquí arriba. Las he estado guardando para ti. —luego volvió a la grieta para ver qué pasaría.

El gigante subió por el costado del acantilado, tomó los bueyes asados del nido y los llevó a su barco. Luego subió de nuevo al nido y dijo—: ¡Oye, hombrecito! ¿Dónde estás? Sal y habla conmigo. No tengas miedo, te sacaré de este lugar.

Oddr salió de la grieta. El gigante lo recogió y luego bajó por el acantilado y puso a Oddr en su bote.

El gigante le dijo a Oddr—: Así que, amiguito, ¿cómo crees que debería librarme de esa plaga?

—Prender fuego al nido—dijo Oddr—. Cuando el buitre regrese y vuele cerca para ver qué pasa, sus plumas se incendiarán. Eso debilitará al bruto, y entonces podremos matarlo.

Y así Oddr y el gigante pusieron ese plan en acción. No pasó mucho tiempo para que el nido empezara a arder, y pronto el buitre regresó, tal como Oddr esperaba que lo hiciera. Voló demasiado cerca de las llamas, encendiendo sus plumas. Entonces Oddr se abalanzó y mató al buitre. Cuando la criatura murió, Oddr le cortó el pico y las garras. Se las dio al gigante, y luego el gigante llevó a Oddr de vuelta a su barco.

Mientras el gigante se alejaba del acantilado, Oddr dijo—: ¿Cómo te llamas?

—Me llamo Hildir—dijo el gigante—. Vivo en la tierra de los gigantes. Mi esposa se llama Hildirid, y tenemos una hija llamada Hildigunn. Ayer mismo, mi esposa dio a luz a un buen hijo, y lo hemos llamado Godmund. Tengo dos hermanos, llamados Ulf e Ylfing. Nos estamos preparando para tener un concurso entre nosotros para ver quién de nosotros debería ser el rey de los gigantes.

—¿Cómo se decidirá el concurso?—preguntó Oddr.

—Bueno, el que haya hecho la acción más heroica y cuyo perro gane la pelea de perros en la Asamblea de Gigantes será nombrado rey.

—¿Quién de ustedes crees que ganará?—preguntó Oddr.

—No seré yo, te lo aseguro—dijo Hildir—. Siempre he vivido a la sombra de mis hermanos, y no espero que eso cambie pronto.

—Si pudieras ganar, ¿querrías ser el rey?—preguntó Oddr.

—Sí, claro, me encantaría ser rey—dijo Hildir—pero no hay forma de que eso suceda. Ulf está seguro de que su lobo mascota ganará en la pelea de perros, y nunca ha perdido una pelea todavía; es así de fuerte y así de salvaje. Ulf también se fue de viaje a una tierra lejana y trajo de vuelta la cabeza de una gran cosa parecida a un gato, con pelo naranja y rayas negras. Dice que se llama tigre, y que es muy feroz.

—Ulf suena como un duro competidor—dijo Oddr.

—Oh, Ulf no es nada para Ylfing—dijo el gigante—. El oso polar de Ylfing hará picadillo cualquier cosa que alguien meta a la pelea de perros, e Ylfing mató un unicornio el otro día y trajo su cabeza como prueba. Yo no he hecho nada tan heroico. De hecho, ni siquiera tengo un perro.

—Sí, esas parecen probabilidades muy difíciles—dijo Oddr—pero tal vez si un amigo te ayudara, podrías encontrar una manera de evitar el problema.

El gigante se rió—. Oh, eres gracioso, lo eres, aunque no se puede negar que tienes un buen cerebro en esa pequeña cabeza tuya. Creo que te daré como regalo a Hildigunn. Serás un buen juguete para ella, y podrá cuidar de ti y del bebé Godmund al mismo tiempo.

Al gigante le llevó poco tiempo remar su bote de regreso a su casa. Cuando llegaron, Hildir le mostró a Oddr a su hija y le dijo—: Este hombrecito es tuyo para que juegues con él. Pero ten en cuenta que debes tratarlo bien. Trátalo tan bien como a tu hermanito.

Oddr miró a Hildigunn. Ella estaba lejos de ser adulta, pero Oddr solo le llegaba hasta justo por encima de su rodilla, a pesar de que era un hombre muy alto, y el padre de Hildigunn lo alzó sobre ella. Hildigunn recogió a Oddr y comenzó a ponerlo en su rodilla. Ella cantó:

*Pequeño hombrecito con la barbilla hacia abajo,*
*el bebé Godmund ya es más grande que tú.*

Entonces Hildigunn tomó a Oddr y lo acostó en la cuna junto al bebé Godmund, y Oddr vio que era más pequeño incluso que el bebé gigante. Por un rato, Hildigunn meció la cuna y cantó canciones de cuna a Oddr y al bebé, pero finalmente decidió que

Oddr no debía dormir con Godmund sino con ella, así que cogió a Oddr y lo colocó en su cama, donde lo abrazó y besó toda la noche. Oddr decidió que la mejor estrategia sería seguirle la corriente a la chica gigante y esperar su oportunidad de escapar.

Después de unos días de jugar cualquier juego que Hildigunn le pidió, Oddr dijo—: Sé que te parezco muy pequeño y que piensas en mí como un niño, pero entre mi propia gente, soy un hombre adulto y soy considerado particularmente grande y fuerte. De hecho, mi gente es mucho más grande y fuerte que la de los demás que viven cerca de nosotros, y nosotros también somos más guapos. Pero a pesar de todo eso, no somos más inteligentes que los demás.

El gigante había rescatado a Oddr hacia el final del verano, y así Oddr se quedó ese invierno con la familia gigante. Cuando llegó la primavera, Oddr fue a Hildir y le dijo—: Sé que tu asamblea se acerca pronto. ¿Qué me darías si te encontrara un perro que pudiera superar a todos los demás en la pelea de allí?

—Si alguien me diera un perro que ganara esa pelea, le daría a esa persona casi todo lo que pidiera. ¿Sabe dónde podría encontrar un perro así?

—Claro que sí—dijo Oddr—. ¿Sabes dónde están las islas Vargey?

—Sí, las conozco, aunque nunca he estado allí—dijo Hildir.

—Bueno, en esas islas, hay una gran criatura llamada el oso pardo. En invierno, se cava una madriguera y duerme y duerme hasta la primavera. Cuando llega la primavera, sale de su madriguera y va en busca de comida porque está bastante hambriento después de no haber comido durante tanto tiempo, y porque tiene tanta hambre, también es muy feroz y mata y come todo lo que se cruza en su camino. No le teme a la gente en absoluto; los osos como ese que viven cerca de las granjas irán directamente a los corrales de ganado, tomarán un ternero y luego huirán con él para comerlo en el bosque. Y si el granjero se atreve a interponerse en el camino del oso, bueno, el oso piensa que el granjero fresco hace una comida tan buena como el ternero fresco. Creo que, si pudieras encontrar uno de estos osos, probablemente les daría una paliza a los perros de tus hermanos.

Hildir dijo—: Tu historia me intriga. Mañana quiero que me ayudes a atrapar a uno de estos osos, y si me convierto en rey, te recompensaré tan generosamente como pueda.

Por la mañana, mientras Hildir y Oddr cargaban el barco del gigante con provisiones para su viaje, Hildigunn bajó a la playa y pidió a Oddr que se hiciera a un lado y hablara con ella.

—¿Volverás aquí cuando tus asuntos hayan terminado?—preguntó.

—No lo sé—dijo Oddr—. Pero creo que es poco probable.

—Oh, querido—dijo Hildigunn—. Deseo tanto que vuelvas. Te quiero mucho, a pesar de tu pequeña estatura. Además, deberías saber que estoy esperando un hijo. No hay nadie más que tú que pueda ser el padre, aunque seas tan pequeño que uno pensaría que es imposible. Pero como te quiero tanto, te dejaré ir a donde quieras si eso es lo que quieres, pero debes saber que, si quisiera retenerte aquí a la fuerza, seguramente podría hacerlo. En cambio, solo lloraré tu partida, porque es más importante que seas feliz que quedarte aquí conmigo, y me parece que no quieres quedarte. Ahora dime, cuando nazca el niño, ¿qué haré con él?

—Si el niño es varón—dijo Oddr—que se quede contigo hasta que tenga diez años y luego envíemelo para que lo eduque en las costumbres de los hombres. Pero si el bebé es una niña, mantenla siempre contigo y críala tú misma. Sé que lo harás muy bien, porque yo no tengo ni idea de cómo criar a una niña.

Entonces Hildigunn se despidió de Oddr y entró en la casa, llorando amargamente. Oddr se subió al bote y el gigante los alejó de la orilla.

El gigante era muy fuerte y un muy buen remero, pero incluso con mar en calma, no estaban haciendo un progreso muy rápido.

Oddr decidió entonces que usaría la suerte de los hombres de Hrafnista para que su viaje fuera más rápido. Levantó una vela, e inmediatamente un viento favorable sopló. El barco saltó a través del agua, yendo el doble de rápido de lo que había ido con el gigante remando.

El viento levantó grandes olas que inclinaron el barco hacia arriba y hacia abajo. Hildir miró las olas, y luego miró hacia la orilla, donde parecía que la tierra saltaba por sí sola, lo que asustó mucho a Hildir. Aferrándose a la borda, fue a donde estaba Oddr, lo recogió, y luego lo empujó a la cubierta, inmovilizándolo allí.

—No sé cómo lo haces—rugió el gigante—pero sea cual sea la brujería que hace que la tierra salte, detente de inmediato, o te mataré y tiraré tu cadáver por la borda para que lo coman los peces.

—¿Qué, nunca has navegado antes?—dijo Oddr—. Esto no es brujería; solo es navegar. Si me dejas pararme, te lo puedo mostrar.

Hildir dejó que Oddr se levantara. Oddr bajó la vela, e inmediatamente todo se calmó.

—¿Ves?—dijo Oddr—. Ahora que no navegamos con el viento, todo está en calma. Si navegamos, llegaremos más rápido a nuestro destino, pero habrá olas, y parecerá que la tierra está saltando. No hay que preocuparse, sin embargo; así es como se ven las cosas cuando se navega. ¿Podemos intentarlo de nuevo? Siempre podemos parar si te asusta o si necesitas un descanso.

Hildir accedió a dejar que Oddr izara la vela de nuevo ahora que entendía lo que estaba pasando. También había visto lo rápido que viajaban cuando la vela estaba izada, y estaba ansioso por llegar a las islas para atrapar un oso. Una vez que la vela estaba izada de nuevo, Hildir se sentó tranquilamente cerca de la proa del barco y dejó que Oddr hiciera todo el trabajo, y en poco tiempo habían llegado a la isla donde iban a buscar un oso.

No muy lejos de la playa había una montaña. En la base de la montaña había un gran montón de piedras. Oddr dijo—: Apuesto a que hay un oso allí debajo de ese pedregal. Les gusta hacer sus madrigueras en esos lugares. Tal vez podrías meter la mano ahí para ver qué encuentras.

—Es una buena idea—dijo Hildir, quien empujó su gran mano en las piedras y comenzó a sentir sobre ellas. Cuando hubo empujado todo su brazo hasta el hombro, se detuvo y dijo—: Creo que hay algo aquí que podría ser un oso. Aunque me voy a poner un guante antes de intentar agarrarlo.

Hildir se puso el guante y hundió su brazo en el pedregal. Cuando sacó el brazo, estaba tirando de un oso por las orejas. El oso estaba muy enfadado por haber sido sacado de su madriguera antes de tiempo. Arañó y mordió, y pronto las manos de Hildir se cubrieron de cortes.

—Tenías razón sobre lo feroz que es esta bestia—dijo Hildir—. ¿Qué hago ahora?

—Lleva el oso a casa y ponlo en un lugar seguro dentro de tu casa donde nadie pueda verlo y donde no pueda salir. No le des nada de comer hasta después de la pelea de perros. Cuando sea el momento de la asamblea, enfrenta a tu oso con los perros de tus hermanos. Si tu oso no gana, entonces reúnete conmigo aquí en la misma época el año que viene para que pueda darte algo más para probar.

—Me gustaría que nos reuniéramos aquí en este mismo lugar el año que viene, pase lo que pase en la asamblea—dijo el gigante.

—Muy bien—dijo Oddr—. Estaré aquí.

Luego Hildir y Oddr se despidieron. Hildir se fue a casa en su bote con el oso, y Oddr siguió su propio camino.

Como había prometido, Oddr volvió a ese lugar la primavera siguiente. Se adentró un poco en el bosque cercano, pensando que Hildir podría querer matarlo si el oso no ganaba el concurso como Oddr dijo que lo haría. Oddr no tuvo que esperar mucho tiempo antes de que Hildir llevara su bote a la playa. El gigante tomó dos cofres y un gran caldero lleno de plata del barco y los dejó en el lugar donde había prometido encontrarse con Oddr. Hildir esperó un rato, pero Oddr no apareció. Hildir esperó un poco más, luego suspiró y dijo—: Oddr, ojalá estuvieras aquí para recibir tu recompensa. No es muy cortés que no me encuentres aquí cuando dijiste que lo harías. Pero no puedo quedarme más tiempo. No puedo dejar mi reino sin vigilancia. Aquí hay dos cofres llenos de oro y un caldero lleno de plata. Pondré esta gran piedra encima de ellos para que el viento no se los lleve, y pondré otros tesoros aquí encima de la piedra.

—Tal vez estés esperando cerca y no quieras mostrarte, así que en caso de que puedas oírme: Mi perro venció a todos los demás en la asamblea, y cuando la gente vio el pico y las garras de ese asqueroso buitre que matamos el año pasado, decidieron que yo era el más valiente de todos mis hermanos. Me han hecho rey, y tengo que agradecértelo a ti. Si alguna vez decides venir a visitarme, te trataré como a un invitado de honor. Y también me gustaría hacerte saber que Hildigunn tuvo su bebé. Es un buen chico, y lo hemos llamado Vignir. Hildigunn dice que tú eres el padre, pero lo criaré como si fuera mío. Le enseñaré todas las cosas que un niño debe saber, y cuando tenga diez años, te lo enviaremos a ti, como Hildigunn prometió que haría.

Entonces el gigante volvió a su bote y se fue remando. Oddr salió de su escondite y vio que el gigante había puesto una espada, un casco y un escudo sobre la piedra. Oddr sacó esas cosas de la gran losa y luego trató de empujar la piedra a un lado, pero era tan pesada que incluso con muchos hombres fuertes para ayudarle, no sería capaz de levantarla. Así que Oddr tomó las armas que el gigante había dejado y se sintió muy bien recompensado, ya que todos estos eran tesoros muy valiosos.

# Los viajes a Vinlandia

*La historia del intento de asentamiento vikingo en lo que hoy es el este de Canadá fue objeto de mucha controversia durante mucho tiempo. Muchos estudiosos dudaron de su veracidad histórica, pero en 1960, la arqueóloga noruega Anne Stine Ingstad y su esposo Helge descubrieron los restos de lo que parecía ser un asentamiento vikingo en L'Anse aux Meadows, en la gran isla del golfo de San Lorenzo en Terranova. En este sitio, que aparentemente estaba en uso alrededor de 990-1050 d.C, Ingstad encontró los restos de varias casas, artículos domésticos cotidianos, los restos de un telar, una herrería y remaches como los que usaban los vikingos para construir sus barcos. Aunque es poco probable que este asentamiento en particular sea el llamado "casas de Leif" en la saga, proporciona una prueba irrefutable de la presencia nórdica en América del Norte a finales del siglo XI. No solo eso, sino que excavaciones arqueológicas más recientes, como la que se realizó en la isla de Baffin en la provincia canadiense de Nunavut, que comenzó en 2001, han seguido aportando pruebas de otros asentamientos vikingos.*

Las Sagas de Vinlandia *es el título colectivo dado a la* Saga de Eirik el Rojo *y a la* Saga de los Groenlandeses, *cada una de las cuales contiene una versión de las estancias nórdicas en el noreste* *del Canadá*. Aunque ahora se acepta en general que los exploradores nórdicos hicieron asentamientos relativamente efímeros en América del Norte, sería un error tomar estos textos nórdicos del siglo XIII como documentos históricos reales, entre otras cosas porque contienen elementos que sugieren cierto romanticismo de este nuevo lugar que los nórdicos llamaron "Vinlandia", supuestamente nombrado por el gran número de uvas silvestres que crecían allí. Uno de esos elementos románticos se refiere a la dureza de los inviernos. Las sagas informan de que los inviernos en el asentamiento de Vinlandia fueron relativamente suaves, sin mucha nieve ni temperaturas heladas, pero cualquiera que sepa algo sobre el clima del noreste de Canadá entenderá que esto es más un producto de las ilusiones (o quizás un elemento de propaganda) que una descripción de las condiciones invernales reales en esa parte del mundo.*

*A pesar de su ficción de acontecimientos históricos, las* Sagas de Vinlandia *siguen siendo documentos vitales en la historia tanto de Europa como de América. En estas sagas leemos sobre los primeros intentos de asentamientos europeos en América del Norte y los primeros contactos entre europeos e indígenas americanos, y sobre el coraje y el ingenio del pueblo nórdico que realizó viajes al oeste para explorar una nueva tierra.*

### De Bjarni Herjolfsson

Una vez hubo un hombre llamado Bjarni Herjolfsson que era un comerciante muy respetado con su propio barco. Los padres de Bjarni vivían en Islandia. A veces Bjarni pasaba sus inviernos con ellos, mientras que otras veces los pasaba en Noruega. Bjarni era un hombre aventurero, muy dispuesto a arriesgarse para encontrar nuevas tierras.

Un verano, el padre de Bjarni, Herjolf, decidió dejar Islandia y unirse al nuevo asentamiento de Eirik el Rojo en Groenlandia. Herjolf vendió su granja, luego puso a su familia, esclavos y posesiones en barcos y se embarcó hacia Groenlandia, donde comenzó una nueva granja en un lugar que llamó Herjolfsness. Al igual que en Islandia, Herjolf era un hombre muy respetado y acomodado en Groenlandia también.

Herjolf se mudó a Groenlandia mientras Bjarni estaba de viaje. Cuando Bjarni llegó al puerto de Islandia, fue a la granja de su padre para visitar a sus padres, pero encontró la granja abandonada. Alarmado, Bjarni corrió a la casa de un vecino y preguntó qué había sido de su familia—. Oh, se mudaron a Groenlandia, lo hicieron— dijo el vecino—. Se unieron al viejo Eirik en su nueva colonia.

Bjarni se alegró de comprobar que nada terrible le había sucedido a su familia en su ausencia, pero ahora tenía que decidir si pasaría el invierno en Islandia o se iría a otro lugar. Mientras caminaba de regreso al puerto, decidió que iría a buscar a su familia e invernar con ellos, como había sido su costumbre en ocasiones. Bjarni llegó de vuelta al barco, donde sus hombres habían empezado a descargar su carga.

Bjarni dijo—: Dejen de descargar. Tenemos que discutir lo que vamos a hacer. Mi padre se ha mudado a Groenlandia, así que me gustaría ir allí a comerciar con nuestras mercancías y pasar el invierno. ¿Quién vendrá conmigo?

Todos los marineros estuvieron de acuerdo en que irían con Bjarni, aunque ninguno de ellos había navegado antes a Groenlandia y solo sabían en qué dirección navegar, pero no exactamente dónde estaba Groenlandia.

Tan pronto como la marea cambió, Bjarni y sus hombres navegaron lejos de Islandia con un viento bueno y suave. Navegaron durante tres días con este viento, y al final del tercer día, estaban en el océano abierto sin tierra a la vista. Fue entonces cuando su fortuna cambió. El viento que los había llevado tan lejos se desplazó hacia el norte, y una espesa niebla descendió a su alrededor. Bajaron sus velas para esperar a que la niebla se disipara, sin querer perder su camino en un momento en que los vientos estaban en su contra y no podían ver nada más que el trozo de mar en el que su barco se balanceaba.

Finalmente, la niebla se despejó y los hombres pudieron orientarse. El viento era justo una vez más, así que izaron la vela y continuaron su viaje. Después de otro día de navegación, vieron tierra.

—¿Esto es Groenlandia?—preguntó uno de los marineros.

—No estoy seguro—dijo Bjarni—pero no creo que lo sea. No sé dónde estamos.

—¿Qué haremos ahora?—preguntó otro marinero.

—Naveguemos más cerca de esa tierra y veamos qué clase de lugar es. Quizás me equivoque y es Groenlandia en realidad.

Cuando el barco se acercó a la costa, Bjarni vio que estaban en una tierra extraña que ni él ni sus hombres habían visto antes. Bjarni había escuchado a la gente hablar de Groenlandia, que tenía muchas montañas, acantilados y glaciares, pero esta nueva tierra no era nada de eso. La tierra estaba cubierta de espesos bosques que cubrían las suaves colinas onduladas, y no había hielo en ningún lugar. El barco de Bjarni se había acercado bastante a tierra cuando el viento falló.

—Yo digo que pongamos aquí y tomemos leña y agua—dijo un marinero—. No sabemos dónde estamos y quién sabe cuándo tendremos esa oportunidad.

—No—dijo Bjarni—. Seguimos navegando. Tenemos madera y agua en abundancia. Navegaremos cerca de esta costa, y si es necesario, podemos varar el barco más adelante.

—Esto es una locura—dijo uno de los marineros—. Terminaremos en medio del océano sin nada que beber.

—Sí—dijo otro—. Deberíamos dejarlo aquí. No nos llevará mucho tiempo, y nos alegraremos de haberlo hecho más tarde.

Los otros marineros estuvieron de acuerdo en que este era el mejor plan, pero Bjarni los rechazó, y así siguieron navegando a lo largo de esta extraña y nueva costa. Después de un tiempo, llegaron a un nuevo lugar que era montañoso y estaba cubierto de glaciares.

—¿Esto es Groenlandia?—preguntó uno de los marineros.

—No lo creo—dijo Bjarni—. Por lo que he escuchado, Groenlandia es un lugar mucho más hospitalario que este. Sigamos navegando.

Y así navegaron, abrazando esta nueva costa, y pronto descubrieron que este lugar era una pequeña isla y no Groenlandia. Cambiaron su curso para dejar la isla atrás, partiendo en la dirección que creían mejor y con un buen viento.

Hacia el final del día, las nubes entraron y una gran tormenta comenzó a soplar a su alrededor—. ¡Aseguren la vela!—dijo Bjarni—. ¡Revisen que la carga esté segura! ¡Correremos antes de la tormenta, pero no permitiré que perdamos nuestra vela y nuestros aparejos!

Fue un momento difícil y peligroso. El pequeño barco fue arrojado sobre las olas, y la vela y los aparejos se tensaron bajo la fuerza del viento. Durante cuatro días la tormenta sopló, pero cuando finalmente se despejó, Bjarni y sus hombres vieron tierra en el horizonte.

—¿Esto es Groenlandia?—preguntaron los marineros.

—Creo que puede serlo—dijo Bjarni—pero tendremos que navegar más cerca.

Siguieron navegando, y cuando estuvieron lo suficientemente cerca como para ver las características de la tierra, Bjarni dijo—: Sí, creo que esto es Groenlandia. Este es el tipo de lugar del que otros me han hablado. Vamos a varar el barco aquí. Al menos, necesitamos descansar y tomar agua y otros suministros antes de ir más lejos.

Cuando el barco se acercó a la orilla, vieron que otro barco ya estaba varado allí antes que ellos—. Esta es una buena señal—dijo

Bjarni—. Por lo menos, hemos llegado a un lugar donde otros hacen sus casas. Ellos podrán decirnos dónde estamos.

Vararon en el barco, y entonces Bjarni dijo—: Voy a ir en busca de quienquiera que viva aquí. Dos de ustedes vendrán conmigo, y el resto se quedarán aquí y se ocuparán de las reparaciones.

Bjarni y sus compañeros caminaron hacia el interior, y pronto llegaron a una próspera granja. Llamaron a la puerta de la granja, y quién respondió sino el propio padre de Bjarni.

—¡Bjarni! ¡Bienvenido, hijo mío, y bienvenidos tus amigos!—dijo el padre de Bjarni—. No habíamos pensado en verte hasta dentro de un año por lo menos. Entra, entra, y dinos a mí y a tu madre cómo te ha ido.

Bjarni estaba encantado de haber llegado a Groenlandia por fin, y estaba aún más encantado de que los primeros groenlandeses que conoció fueran su propia familia. Bjarni y sus hombres tomaron un refrigerio y hablaron un rato con los padres de Bjarni, pero no se quedaron mucho tiempo.

—Necesito volver a mi barco para que mis hombres sepan que hemos llegado a un puerto seguro y que podemos empezar a comerciar—dijo Bjarni—. Volveré en cuanto termine mi negocio y pasaré el invierno aquí con ustedes, si puedo.

La familia de Bjarni dijo que era más que bienvenido, y se ofrecieron a encontrar alojamiento para sus hombres también. Bjarni y sus amigos volvieron a su barco con buen ánimo, y cuando todo su cargamento fue vendido y las ganancias divididas equitativamente, se fueron por sus propios medios a los lugares donde iban a pasar el invierno.

Cuando llegó la primavera, el padre de Bjarni dijo—Entonces, hijo mío, ¿te vas a ir al mar otra vez? ¿Qué planeas hacer a continuación?

—Estoy harto de viajar—dijo Bjarni—. Me gustaría quedarme aquí y ayudarte con la granja, si eso te conviene a ti y a mamá.

—¡Por supuesto!—dijo el padre de Bjarni—. Eres más que bienvenido aquí. Estamos muy contentos de que hayas venido a casa con nosotros.

Y así fue como Bjarni dejó su vida de viajes y se quedó en la granja de su padre. Bjarni se hizo cargo de la granja cuando Herjolf murió, pero nunca olvidó las nuevas tierras que había visto surgir del mar, lejos de las costas de Groenlandia.

*De Leif Eiriksson*

Una vez que terminó sus viajes comerciales, Bjarni Herjolfsson navegó a Noruega para visitar al conde Eirik Hakonarson. El conde estaba encantado de tener a Bjarni como invitado, y escuchó con gran interés el relato de Bjarni sobre su aventura al oeste de Groenlandia, pero como Bjarni no podía dar una mayor descripción de la tierra que había encontrado, mucha gente pensó que le había faltado tanto coraje como curiosidad y pensó menos de él por eso. Por su parte, el conde pensó que Bjarni lo había hecho bien, e hizo de Bjarni un mozo de su corte. Bjarni pasó el invierno en Noruega con el conde Eirik y luego regresó a Groenlandia en el verano.

La noticia de la aventura de Bjarni se difundió rápidamente. Mucha gente se preguntaba si sería posible encontrar esas tierras de nuevo y tal vez incluso hacer un nuevo asentamiento allí. Leif, el hijo de Eirik el Rojo, escuchó la historia de Bjarni y decidió que probaría su propia suerte en la búsqueda de ese lugar para ver si podría ser adecuado para establecerse.

Leif fue a Herjolfsness a visitar a Bjarni—. Me gustaría comprar tu barco—dijo Leif—. Y quiero oír todo sobre tu aventura. Estoy reuniendo hombres y provisiones para un viaje a ese lugar, y me ayudará si me dices todo lo que sabes.

Bjarni aceptó fácilmente vender su barco y decirle a Leif todo lo que podía sobre su viaje. Cuando ese negocio se llevó a cabo, Leif envió un mensaje diciendo que estaba buscando una tripulación para esta aventura. Contrató a treinta y cinco hombres para que navegaran con él.

Cuando todo estuvo listo, Leif fue a su padre y le dijo—: Estoy listo para partir a esa nueva tierra que Bjarni encontró. ¿Vendrás conmigo y ayudarás a dirigir la expedición?

—Me siento honrado de que me lo pidas, hijo mío—dijo Eirik—pero ya soy un anciano. El navegar es un asunto desagradable, frío, húmedo e incómodo, y ya no tengo fuerzas para ello. Tu viaje es un trabajo para jóvenes como tú.

—Oh, vamos, padre—dijo Leif—. No eres tan viejo y débil como pareces. Estoy seguro de que el viaje te hará bien, y ayudará tener a alguien de tu talla como parte de nuestra expedición. Nos traerá suerte.

Al final, Eirik aceptó unirse a la aventura, pero el día que iban a embarcar, Eirik fue arrojado de su caballo camino al puerto. La pierna de Eirik estaba gravemente herida.

—Esta es una señal de que no voy a ir contigo—dijo Eirik—. Debería quedarme aquí. Ese será mi destino.

Y así Eirik regresó a su casa, y Leif dirigió el viaje solo.

Leif y su tripulación terminaron sus preparativos y zarparon. No pasaron muchos días antes de que vieran tierra al oeste—. Esta debe ser la tierra de la que habló Bjarni—dijo Leif—. Navegaremos más cerca y luego iremos a tierra para ver lo que se puede ver.

Navegaron más cerca de la tierra hasta que encontraron un buen lugar para echar el ancla. Entonces Leif llevó un grupo de hombres con él y remaron hasta la orilla. Cuando llegaron a la tierra, vieron que era principalmente roca plana y glaciares—. Esta no puede ser la tierra de la que nos habló Bjarni—dijo Leif—. Este no es lugar para un asentamiento. Volveremos al barco y seguiremos navegando. Pero lo hemos hecho mejor que Bjarni, ya que vinimos a tierra para ver qué podíamos encontrar. Ya que todo lo que encontramos fue piedra y hielo, llamaré a este lugar Helluland [Tierra de lajas de piedra].

Leif y sus hombres regresaron a su barco. Volvieron a zarpar, bajando por la costa hasta que llegaron a una tierra diferente, una que no era todo roca y hielo. Como antes, navegaron cerca de la costa y echaron el ancla. Leif eligió un grupo de hombres para ir a la costa con él. Remaron hasta la playa, que estaba hecha de arena blanca y fina. Leif y sus hombres caminaron tierra adentro. Encontraron que la tierra era relativamente plana y tenía muchos bosques densos–. Llamaremos a este lugar Markland [Tierra de Bosques] –dijo Leif–. Pero no nos quedaremos aquí. Naveguemos y veamos qué más podemos encontrar.

Leif y su tripulación navegaron durante dos días antes de ver otra orilla. Esta vez, habían llegado a una isla. Desembarcaron y caminaron a través de la hierba húmeda. Los hombres recogieron el rocío en sus manos y lo probaron.

—¡Esto es tan bueno!—dijo un hombre.

—¡Sí!—dijo otro—. Incluso en casa el rocío no es tan dulce.

Exploraron la isla por un tiempo más largo, luego regresaron a su barco y navegaron alrededor de la isla, que no estaba lejos de una tierra mucho más grande. Navegaron en el sonido entre la isla y el cabo que estaba al norte, y luego rodearon el cabo. Allí se encontraron con su primera dificultad real: El agua aquí era muy poco profunda, así que cuando la marea bajó, el barco quedó varado en la arena.

—No quiero esperar aquí—dijo Leif—. Deberíamos ir a tierra de todos modos. Tenemos mucho tiempo antes de que cambie la marea y podamos navegar una vez más.

Leif y sus hombres caminaron hasta la orilla, llevando botes de remos con ellos. Allí encontraron un río que fluía hacia el mar, y siguiendo el río, pronto llegaron a un lago.

—Este es un buen lugar—dijo Leif—. Volvamos al barco. Cuando la marea lo levante, podemos remar río arriba y echar el ancla en el lago.

Tan pronto como el agua era lo suficientemente profunda, Leif y su tripulación remaron su barco río arriba y en el lago, donde echaron el ancla. Llevaron sus sacos de dormir y otros suministros a la orilla, donde construyeron refugios de piedra y césped. Tomaron sus aparejos de pesca y capturaron muchos salmones finos, que abundaban tanto en el lago como en el río.

—¡Miren a esta bestia!—dijo un hombre, sosteniendo un enorme salmón que acababa de capturar—. ¿Alguna vez han visto algo así? Ni siquiera en casa tenemos un salmón como este. ¡Esta noche, comemos bien!

No pasó mucho tiempo hasta que Leif y sus hombres decidieron que pasarían el invierno allí para ver cómo era. Construyeron casas adecuadas para ellos, ya que los refugios no serían suficientes para el clima frío.

Cuando llegó el invierno, los exploradores se alegraron al ver que hacía mucho menos frío que en casa, y la hierba seguía siendo buena para que pastara el ganado. Aunque las noches se alargaban y los días se acortaban al acercarse el solsticio, el sol seguía saliendo y permanecía en el cielo durante parte del día, a diferencia de en casa, donde tanto los días como las noches eran oscuras en ese momento.

Una vez que las casas fueron construidas, Leif explicó cómo iban a explorar la tierra—. Cada día, nos dividiremos en dos grupos. Un grupo se queda aquí con las casas. El otro grupo va a explorar. Pero los exploradores deben poder regresar a las casas antes del atardecer, y nadie debe dejar el grupo por ningún motivo.

Así fue como vivieron durante algún tiempo. Algunos días, Leif se quedaba en las casas, mientras que otros días se iba con los exploradores. Un día, Leif se quedó en las casas, mientras los otros salían a explorar la tierra. El grupo de exploración volvió a las casas, pero uno de los exploradores había desaparecido, un alemán llamado Tyrkir, que era un gran amigo de Eirik el Rojo y que había sido el padre adoptivo de Leif cuando era un niño.

—¿Dónde está Tyrkir?—Leif exigió a los exploradores—. Sabían que no debían dejar que nadie se separara del grupo. Necesito poder confiar en que todos ustedes sigan las órdenes, y este día no lo han hecho.

Leif eligió entonces doce hombres para acompañarlo a buscar a Tyrkir, pero no habían ido muy lejos antes de que Tyrkir apareciera.

—¡Tyrkir!—Leif gritó—. Gracias a los dioses que estás a salvo. ¿Dónde has estado?

Tyrkir respondió con un flujo rápido de alemán que ninguno de los otros entendió. El anciano parecía muy emocionado por algo, apenas capaz de contenerse.

—Despacio, padre adoptivo—dijo Leif—. Despacio, y habla en nórdico. No te entendemos en absoluto.

Tyrkir respiró profundamente, y luego respondió en nórdico—. ¡Uvas! ¡Uvas y vides! ¡Campos enteros de ellas!

—¿Estás seguro?—preguntó Leif.

—Muy seguro—dijo Tyrkir—. De donde yo vengo, ellos cultivan muchas uvas. Sé cómo son las uvas y las vides. Ven, te lo mostraré.

Leif vio que las sombras se alargaban y que la noche no estaba lejos—. No, no nos iremos ahora—dijo—. Está demasiado cerca del anochecer. Volvamos a las casas y comamos. Iremos a las vides por la mañana.

Cuando salió el sol, Leif reunió a todos los hombres—. Esto es lo que haremos. Cortaremos uvas y vides para llevar a casa, y también una carga de madera. Luego regresaremos a Groenlandia y les diremos a todos lo que hemos encontrado en este nuevo lugar. Lo llamaremos Vinlandia [Tierra del Vino], ya que tiene una gran abundancia de uvas y vides.

Los hombres estuvieron de acuerdo en que este era el mejor camino a seguir, y así comenzaron a hacer el trabajo que Leif les había sugerido.

Cuando llegó la primavera, prepararon todo para navegar a casa. El barco estaba cargado de uvas, viñas y madera, y los hombres estaban muy contentos con lo que habían encontrado. Cuando salieron de Vinlandia, tenían un viento favorable y un día soleado, y todo el mundo estaba muy animado.

Navegaron durante un tiempo, con Leif al timón. De repente cambió de rumbo, ordenando que ajustaran las velas.

—¿Por qué navegamos tan cerca del viento?—preguntó uno de los hombres—. Esto seguramente es una locura. Nunca llegaremos a casa si navegamos así.

—Mira el mar, por allí—dijo Leif—. Dime lo que ves.

El hombre miró y dijo—: No hay nada ahí. —otros de la tripulación miraron y también dijeron que no vieron nada.

—Creo que hay un barco allí, o tal vez un escollo—dijo Leif—. Mira más de cerca.

La tripulación miró y estuvo de acuerdo en que debía haber un escollo, pero ninguno de ellos entendió por qué a Leif le importaría un pedazo de roca en medio del mar.

—No es solo un trozo de roca—dijo Leif—. Creo que hay gente allí. Y si hay gente allí, necesitarán nuestra ayuda.

—Piratas, como si no—dijo uno de los hombres—. Navegaremos hacia ellos, y entonces nos abordarán y tendremos que luchar por nuestras vidas.

—Sea como fuere—dijo Leif—todavía tenemos la ventaja sobre ellos. Y sería una vergüenza pasar sin ver si son amistosos y necesitan ayuda o no.

Navegaron tan cerca del escollo como pudieron y luego echaron el ancla. Luego Leif y algunos otros hombres bajaron el bote de remos al agua y remaron hasta el escollo, donde encontraron un grupo de catorce hombres y una mujer juntos en la roca con un montón de carga y pertenencias que habían logrado salvar antes de que su barco se hundiera.

—¡Gracias a los dioses que han venido!—dijo un hombre—. Pensamos que habíamos encontrado nuestra perdición con seguridad.

—¿Quién de ustedes es el capitán?—preguntó Leif.

—Yo—dijo otro.

—¿Cómo te llamas?—preguntó Leif.

—Soy Thorir, y vengo de Noruega. ¿Cuál es tu nombre?

—Me llamo Leif.

—¿No es el hijo de Eirik, Eirik el Rojo de Brattahild en Groenlandia?—dijo Thorir.

—El mismo—dijo Leif—. Suban a mi barco y les llevaré a Groenlandia, donde serán bienvenidos para quedarse o para encontrar otro barco que les lleve a casa. Traeremos toda la carga y pertenencias que mi barco pueda contener, pero el resto tendrá que quedarse aquí.

Thorir y su esposa, Gudrid, y los demás aceptaron la oferta de Leif. Abordaron el barco de Leif con una buena parte de sus pertenencias y carga, y luego navegaron de vuelta a Brattahild, donde Leif y su tripulación descargaron su barco.

—¿No pasarán el invierno conmigo y con mi padre?—dijo Leif a Thorir y Gudrid—. También me encargaré de que tus amigos tengan alojamiento para que nadie se quede sin techo.

Leif fue tan bueno como su palabra. Encontró alojamiento para los trece hombres que había rescatado junto con Thorir y Gudrid, y también se aseguró de que su tripulación tuviera lugares donde pasar el invierno. Cuando todos vieron la riqueza de madera y uvas que Leif había traído, y cuando oyeron su historia de su estancia en Vinlandia y el rescate de Thorir y sus amigos, empezaron a llamar a Leif "el Afortunado", ya que había tenido tanta suerte en ese viaje.

El invierno no fue tan suave como el verano. Thorir y su tripulación enfermaron, y la mayoría de ellos murieron, incluyendo a Thorir. La enfermedad tampoco perdonó a la familia de Leif, ya que su padre, Eirik, también cayó enfermo y murió en ese periodo.

### De *Thorvald Eiriksson*

La aventura de Leif en Vinlandia fue la comidilla de Groenlandia. El hermano de Leif, Thorvald, escuchó atentamente las historias y pensó mucho sobre ellas. Finalmente decidió que probaría su propia suerte en la nueva tierra. Compró un barco y reunió una tripulación de treinta personas después de escuchar todo lo que Leif tenía que decir sobre cómo llegar a Vinlandia y dónde había instalado las casas. Cuando el barco estaba aprovisionado y la tripulación lista, Thorvald zarpó hacia Vinlandia y llegó al campamento de Leif después de un viaje sin incidentes.

Vararon su barco y trajeron sus provisiones a tierra. Prepararon las casas y exploraron un poco de la tierra alrededor del campamento. Al final del día, Thorvald dijo a su tripulación—: Pasaremos el invierno aquí, y en la primavera veremos qué más tiene esta tierra para ofrecer.

La tripulación estuvo de acuerdo en que este era un buen plan. Se instalaron para el invierno y vivieron de los salmones que abundaban en el río y el lago.

En la primavera, Thorvald y su tripulación trabajaron para reparar el barco. Cuando llegó el verano, Thorvald envió un grupo de hombres del barco para explorar la tierra al oeste de ellos. Los hombres exploraron a lo largo de la costa durante el verano, y cuando volvieron ese otoño, tenían mucho que contarle a Thorvald y a los demás.

—La tierra es muy justa—dijo el líder de la expedición—. Hay bosques espesos y playas de fina arena blanca. Al norte, hay muchas islas pequeñas, y el mar en ese lugar es bastante poco profundo. No vimos ninguna otra persona, ni animales de los que hablar, durante todo el tiempo que estuvimos en nuestro viaje.

—Después de haber explorado la costa por un tiempo, remamos hasta las islas. Encontramos allí lo mismo que en el cabo, aunque encontramos una cosa hecha de madera que se parecía a la que usamos para cubrir las reservas de grano. Ciertamente fue hecha por manos humanas, pero no encontramos a la gente que lo hizo ni ninguna otra señal de ellas.

El verano siguiente, Thorvald y su tripulación decidieron navegar en el barco hacia el este para ver qué podían encontrar allí, dejando parte de su gente atrás para vigilar las casas. Pero el nuevo viaje de Thorvald no fue tan afortunado como el que sus hombres habían hecho con el pequeño barco el verano anterior. Una tormenta estalló cuando el barco de Thorvald rodeaba un cabo. El viento y las olas llevaron el barco a las rocas, rompiendo la quilla. Los hombres lograron llevar el barco a salvo a la playa, y no se perdieron vidas, pero no se iba a explorar más durante mucho tiempo porque el barco había sufrido daños muy graves.

Los hombres trabajaron durante muchos días poniendo una nueva quilla y reparando los costados del barco. Cuando terminaron, Thorvald dijo—: Pongamos esa quilla rota en un lugar de honor aquí. Llamaremos a este lugar Kjalarnes [Punta de la Quilla].

Tan pronto como el barco estuvo en condiciones de navegar, Thorvald y sus hombres reanudaron su viaje hacia el este a lo largo de la costa. Allí encontraron algunos fiordos y un cabo que se extendía hacia el norte, hacia el mar. Encallaron su barco en la desembocadura de uno de los fiordos, y todos se fueron a tierra. Cuando habían caminado hacia el interior, Thorvald miró a su alrededor y se alegró mucho de lo que vio—. Creo que me estableceré aquí—dijo—. Este es un lugar muy justo, de hecho.

Volvieron al barco, pero uno de los compañeros de Thorvald miró a lo largo de la playa y dijo—Espera. Mira allí. ¿Qué es lo que ves?

—Veo tres jorobas en la arena—dijo otro de los hombres.

—Esas no estaban ahí antes—dijo el primero—. Y no creo que sean parte del paisaje.

—Nos dividiremos en tres grupos—dijo Thorvald—. Subiremos silenciosamente a esas jorobas, sean lo que sean, y nos ocuparemos de lo que encontremos allí. Cada grupo toma una joroba. ¿Listos? Vamos.

Cuando Thorvald y sus hombres se acercaron, vieron que las jorobas eran tres pequeños botes con cubiertas de piel. Dieron la vuelta a las barcas, y debajo de cada una encontraron tres hombres escondidos. Un hombre logró escapar en su bote, pero Thorvald y su tripulación mataron a todos los demás.

Thorvald y sus hombres miraron a su alrededor y vieron lo que parecían ser colinas más abajo en el fiordo—. No creo que sean colinas—dijo Thorvald—. Creo que deben ser viviendas de algún tipo. Esos nueve hombres no aparecieron de la nada.

El día había sido largo y agotador. Thorvald y sus hombres estaban exhaustos. Se acostaron a descansar justo donde estaban, y pronto todos ellos cayeron en un profundo sueño. No se despertaron hasta que escucharon el sonido de una voz que les llamaba—. ¡Despierten!—gritó la voz—. ¡Despierta, Thorvald! ¡Despierta a todos los marineros! ¡Aborden su barco ahora si valoran sus vidas! ¡Despierta!

Los hombres se levantaron y miraron hacia el fiordo. Cientos de botes de piel como los que habían encontrado remaban hacia ellos, y cada bote estaba lleno de guerreros de aspecto feroz.

—¡Vuelvan al barco!—gritó Thorvald—. Vuelvan al barco, y pongan los escudos de guerra en la borda tan pronto como sea posible. Nos defenderemos tan bien como podamos, pero intentemos no contraatacar si no es necesario.

Los hombres colocaron los escudos en la borda mientras los guerreros de los botes remaban cada vez más cerca. Los guerreros llevaban arcos, y pronto una lluvia de flechas volaba hacia Thorvald y sus compañeros, que se refugiaban detrás de los escudos. Después de un tiempo, los guerreros atacantes dejaron de disparar, dieron la vuelta a sus botes y se alejaron remando.

—¿Hay alguien herido?—preguntó Thorvald.

Todos los hombres respondieron que no habían recibido ningún impacto.

—Yo no fui tan afortunado—dijo Thorvald—. Una de esas flechas logró volar entre dos de los escudos. Me atravesó la axila. —Thorvald mostró la flecha a sus amigos—. Temo que esta herida sea mi muerte. Llévenme al lugar que me pareció tan justo y entiérrenme allí, con una cruz en la cabeza y otra en los pies. Llamen a ese lugar Krossanes [Punto de cruz] cuando me entierren como pedí. —Thorvald murió entonces, y sus amigos lo enterraron con las cruces a la cabeza y a los pies como él había pedido, porque Thorvald era cristiano.

Cuando Thorvald fue puesto a descansar, los hombres tomaron el barco y volvieron a las casas. Tenían mucho que decir a sus compañeros que se habían quedado atrás, y sus compañeros tenían mucho que decirles. Decidieron pasar el invierno en las casas y navegar de vuelta a Groenlandia en primavera, habiendo puesto un cargamento de uvas y viñas.

Llegó la primavera, y los hombres navegaron a salvo de vuelta a Groenlandia con un barco muy cargado. Dirigieron su barco hacia el puerto de Eiriksfjord y fueron recibidos con mucha alegría por sus amigos y familias. Se reunieron con Leif y le contaron todo lo que había sucedido en su viaje, y su historia no fue corta.

*De Thorstein Eiriksson*

Eirik el Rojo tuvo un tercer hijo que se llamaba Thorstein. Thorstein se casó con Gudrid, la viuda de Thorir, que había sido rescatada junto con su difunto marido y la tripulación de su barco por el hermano de Thorstein, Leif. Thorstein quería ir a Vinlandia a buscar el cuerpo de su hermano, para que fuera puesto en su propio suelo nativo en lugar de descansar en una tierra extranjera. Thorstein reunió una tripulación de veinticinco hombres grandes y fuertes, y se hizo a la mar con ellos y con su esposa, Gudrid.

La aventura de Thorstein fue un fracaso desde el principio. Thorstein y su tripulación navegaron de un lado a otro del océano abierto, sin poder encontrar su camino hasta que el invierno ya estaba llegando—. No podemos encontrar nuestro camino, y pronto hará demasiado frío para navegar—dijo Thorstein—. Volveremos a Groenlandia y esperaremos el invierno, y lo intentaremos de nuevo cuando llegue el clima cálido.

Así que navegaron a Groenlandia, y se instalaron en Lysefjord, un asentamiento en el oeste. Cuando llegaron, Thorstein arregló alojamientos de invierno para toda su tripulación, pero no pudo encontrar un lugar para él y su esposa, ya que el cristianismo solo había llegado a Groenlandia recientemente. Acamparon en la playa junto a su barco durante dos noches. Al día siguiente de la segunda noche, algunos hombres fueron a la tienda de Thorstein—. ¿Quién está dentro de la tienda?—preguntaron.

—Hay dos de nosotros aquí—dijo Thorstein—. ¿Quién está preguntando?

Uno de los hombres dijo—Mi nombre también es Thorstein, pero también soy conocido como Thorstein el Negro. He venido a pedirles que pasen el invierno conmigo en mi casa.

—Es una oferta generosa—dijo Thorstein Eiriksson—pero primero debo preguntarle a mi esposa si está de acuerdo.

Thorstein Eiriksson le preguntó a Gudrid qué pensaba de la oferta.

—Si la consideras aceptable—dijo—entonces deberíamos aceptarla.

Thorstein Eiriksson dijo a los hombres fuera de la tienda—: Mi esposa está de acuerdo, y aceptamos con gusto tu oferta de hospitalidad.

—Eso es bueno—dijo Thorstein el Negro—. Volveré mañana a buscarte a ti y a tus pertenencias. No puedo prometer que será un invierno feliz, porque tanto mi esposa Grimhild como yo somos muy formales y estamos acostumbrados a nuestras costumbres, y prefiero mi propia compañía. También tenemos una religión diferente a la tuya, pero me parece que la tuya es mejor que la mía.

Al día siguiente, Thorstein el Negro fue a la playa como había prometido. Ayudó a Thorstein Eiriksson y Gudrid a cargar sus pertenencias en su carro, y luego los llevó a ellos y a sus cosas de vuelta a su casa. Thorstein el Negro y su esposa fueron muy generosos con sus invitados, y les proporcionaron lo necesario durante todo el invierno.

Gudrid se portó bien en la casa de sus anfitriones. Era una mujer muy hermosa, y también una sabia que sabía cómo comportarse con los extraños.

El invierno apenas había comenzado en serio cuando una enfermedad golpeó a Lysefjord. Muchos de los miembros de la tripulación de Thorstein Eiriksson cayeron enfermos, y algunos de ellos murieron.

—No dejen los cuerpos de mi tripulación para que descansen aquí—dijo Thorstein Eiriksson—. Deseo llevarlos de vuelta a casa a Eiriksfjord para enterrarlos cuando llegue el verano.

El hogar de Thorstein el Negro tampoco se salvó de la plaga. Grimhild cayó enferma, a pesar de ser una mujer grande y tan fuerte como un hombre. Thorstein Eiriksson enfermó poco después de Grimhild, y Grimhild murió poco después de eso.

Cuando Grimhild murió, su marido dijo—: Voy a salir a buscar un tablón para poner su cuerpo.

—No tardes mucho, querido Thorstein—dijo Gudrid.

—No me demoraré—dijo Thorstein, y luego salió de la habitación.

Después de que Thorstein el Negro se había ido, Thorstein Eiriksson dijo—: ¿Por qué se comporta el Grimhild de esa manera? Se está empujando a sí misma sobre sus codos. Está tratando de salir de la cama y tratando de encontrar sus zapatos.

En ese momento, Thorstein el Negro volvió con un tablón para colocar el cuerpo de su esposa, y el cuerpo de Grimhild cayó sobre la cama con tal fuerza que cada viga de la casa crujió.

Thorstein el Negro hizo un buen ataúd para su esposa y la puso suavemente en él. Cuando el ataúd fue sellado, Thorstein el Negro lo sacó de la casa para enterrarlo. Esto requirió todo el esfuerzo que pudo reunir, aunque era un hombre muy fuerte, ya que Grimhild era una mujer muy grande y muy fuerte.

Las penas de esa casa aún no habían terminado, porque pronto Thorstein Eiriksson también murió. Gudrid y Thorstein el Negro estaban junto a su cama cuando se soltó el fantasma, y Gudrid estaba muy apenada porque su marido ya no estaba.

Thorstein el Negro se sintió conmovido por el llanto de Gudrid. La cogió y la sostuvo en su regazo como si fuera un niño pequeño, y le dijo palabras de consuelo y aliento. También prometió que el cuerpo de Thorstein Eiriksson sería llevado de vuelta a Eiriksfjord con los cuerpos de su tripulación, para que todos pudieran descansar juntos en el lugar que era su hogar. Thorstein el Negro también le dijo a Gudrid que encontraría a otras personas para que se unieran a ellos en su casa para que ella estuviera menos sola.

—Gracias, querido amigo—dijo Gudrid—. Estoy agradecida por tu ayuda y tu consuelo.

En ese momento, el cuerpo de Thorstein Eiriksson se sentó en la cama—. ¿Dónde está Gudrid?—preguntó.

Gudrid no respondió, y tampoco lo hizo Thorstein el Negro.

El cuerpo de Thorstein Eiriksson preguntó dos veces más— ¿Dónde está Gudrid?

Gudrid le dijo a Thorstein el Negro—: ¿Debo responder?

—No, no respondas—respondió—. Hablaré por ti.

Entonces Thorstein el Negro se acercó a la cama y se arrodilló a su lado—. Dime lo que quieres, querido amigo y portador de mi nombre. Estoy aquí.

Por un momento, hubo silencio. Luego el cadáver habló—. Tengo un mensaje para Gudrid. Sé cuál es su destino y quiero hablarle de mí para que no esté tan triste. He ido a un muy buen lugar donde descansaré bien. Escúchame, Gudrid, porque lo que digo es cierto: Te casarás con un islandés, y juntos tendrán una larga vida y muchos hijos, todos ellos buenos, fuertes y dulces. Tú y tu marido dejarán Groenlandia e irán a Noruega por un tiempo, y después se establecerán en Islandia, que se convertirá en tu hogar. Después de que tu marido muera, harás una peregrinación a Roma. Cuando regreses a Islandia, se construirá una iglesia en tu granja, y tomarás los santos votos de una monja. Allí te quedarás hasta tu muerte.

Luego el cuerpo de Thorstein Eiriksson cayó de nuevo en la cama. Su cuerpo fue preparado para el entierro y fue llevado a su nave.

Thorstein el Negro cumplió todas las promesas que le había hecho a Gudrid. Cuando llegó la primavera, vendió su granja y su ganado. Luego llevó a Gudrid y todas sus pertenencias al barco donde yacía el cuerpo de su marido, y luego regresó a Eiriksfjord, donde se aseguró de que Thorstein Eiriksson y todos sus compañeros fueran enterrados en el cementerio cristiano como era correcto y apropiado para los hombres de su fe.

Gudrid se fue a vivir con su cuñado Leif en Brattahild, mientras que Thorstein el Negro se estableció en Eiriksfjord. Thorstein vivió allí el resto de sus días, y fue muy respetado por todos por su espíritu generoso.

### De Thorfinn Karlsefni

El verano en que Thorstein Eiriksson fue enterrado en el fiordo Eiriks, un hombre muy rico llamado Thorfinn Karlsefni llegó a Islandia desde Noruega. Thorfinn se alojó con Leif Eiriksson al invierno siguiente, y pronto se enamoró de Gudrid, la viuda de Thorstein Eiriksson. Un día, Thorfinn fue a ver a Gudrid y le dijo—: Me parece que te quiero mucho, y sería un honor que fueras mi esposa.

—No puedo responder ahora—dijo Gudrid—pero te lo haré saber pronto.

Gudrid fue a ver a su cuñado y le habló de la propuesta de Thorfinn—. Preferiría que respondieras a Thorfinn en mi nombre—dijo Gudrid.

—¿Apruebas a Thorfinn?—preguntó Leif—. ¿Estás dispuesta a casarte con él?

—Lo estoy—dijo Gudrid—. Parece ser un buen hombre.

Entonces Leif fue a Thorfinn y le dijo que Gudrid aceptaba su propuesta. Se casaron más tarde ese mismo invierno.

Leif había regresado a casa de su viaje a Vinlandia por algún tiempo, pero todos hablaban de sus aventuras, y de las aventuras de Thorvald y su tripulación. Mucha gente instó a Thorfinn a probar suerte en Vinlandia. La esposa de Thorfinn, Gudrid, estaba entre ellos.

Finalmente, Thorfinn aceptó. Contrató una tripulación de sesenta hombres y cinco mujeres. Estuvieron de acuerdo en repartir las ganancias del viaje a partes iguales entre ellos. También reunieron ganado para llevar, ya que querían establecerse permanentemente en Vinlandia si era posible.

Thorfinn fue a Leif y le dijo—Como sabes, estoy planeando un viaje a Vinlandia. ¿Me puedes dar las casas que ha construido allí?

—Te las prestaré con gusto—dijo Leif—pero no te las daré para que sean tuyas.

Thorfinn aceptó estos términos y zarpó tan pronto como tuvo un viento favorable. No le tomó mucho tiempo para que sus barcos llegaran a Vinlandia. Todos desembarcaron y pusieron su ropa de cama dentro de las casas. Luego liberaron su ganado para buscar pasto y fueron a buscar comida para ellos mismos. No tardaron mucho en encontrar buenas cosas para comer, ya que un rorcual se había varado no lejos de las casas. El rorcual aún estaba fresco, así que Thorfinn y su tripulación lo masacraron. Comieron muy bien esa noche y durante muchos días después, y los animales encontraron buen pastisal en el interior de las casas. Pronto los machos se volvieron muy inquietos y difíciles de manejar, sobre todo el toro que habían llevado con ellos.

Una vez que se instalaron, Thorfinn dijo—Tiremos mucha madera ahora y dejémosla secar. Podemos llevárnosla el próximo verano y sacar un buen provecho de ella.

Esto se hizo, y pronto tuvieron una buena carga de madera puesta en algunas piedras. También trabajaron en la recolección de uvas, la pesca en el río y la caza, tanto para su comida en ese momento como para almacenarla para el invierno que se acercaba rápidamente.

Cuando el clima cálido llegó después de su primer invierno en las casas, tuvieron su primer encuentro con la gente que era nativa de esa tierra. Un grupo de hombres cargando fardos de pieles salió del bosque muy cerca de los pastos para el ganado. La llegada de los forasteros enfureció al toro, que resopló y les arañó el suelo. Los nativos nunca habían visto un toro antes. Estaban muy asustados y corrieron a la casa de Thorfinn para alejarse del animal enojado.

Los nativos rogaron que se les permitiera entrar en la casa, pero Thorfinn no les dejó entrar. Durante algún tiempo, Thorfinn y los nativos se gritaron mutuamente, pero como no entendían el idioma del otro, esto no sirvió de nada. Finalmente, los hombres dejaron sus fajos de pieles en el suelo frente a las casas y esperaron a que Thorfinn y los demás salieran a ellos.

Cuando Thorfinn y su tripulación vieron que los hombres habían venido a comerciar, salieron a saludarlos y a ver qué podían cambiar por las pieles. Los nativos estaban muy interesados en las armas y herramientas que Thorfinn y su tripulación habían traído con ellos, pero Thorfinn prohibió el comercio de cualquier cosa hecha de metal. Los islandeses decidieron ver si los nativos aceptarían un regalo de leche de las vacas a cambio de las pieles. Los nativos estaban muy contentos con la leche. Bebieron todo lo que la compañía de Thorfinn les dio, y luego volvieron a sus casas, dejando sus pieles y cueros a cambio de la leche.

Una vez que los nativos se fueron, Thorfinn dijo—: Necesitamos estar preparados para defendernos. Cortemos madera y construyamos una empalizada alrededor de nuestra granja en caso de que los nativos se vuelvan hostiles.

Poco después de la visita de los nativos, Gudrid dio a luz a un buen hijo. Thorfinn y Gudrid lo llamaron Snorri.

A principios del invierno siguiente, los nativos volvieron al asentamiento de Thorfinn, llevando fajos de pieles y cueros. Cuando Thorfinn vio esto, dijo—: Ordeñen las vacas y lleven la leche a los hombres a cambio de las pieles. No les den nada más.

Cuando los nativos vieron que las vacas eran ordeñadas, arrojaron sus fardos sobre la pared de la empalizada.

Mientras esto sucedía, Gudrid estaba sentada en la puerta de una de las casas, cuidando a su hijo pequeño, Snorri. Mientras mecía a Snorri en su cuna, una sombra cayó sobre la puerta. Gudrid miró hacia arriba y allí vio a una mujer extraña. La mujer era muy baja y tenía ojos enormes. Llevaba una túnica que le quedaba muy ajustada al cuerpo y una bufanda sobre el pelo. La mujer extraña entró por la puerta y preguntó— ¿Cómo te llamas?

Gudrid respondió—: Me llamo Gudrid. ¿Cómo te llamas tú?

—Yo también soy Gudrid—dijo la extraña mujer.

Justo cuando la esposa de Thorfinn estaba a punto de ofrecer a la extraña un lugar para sentarse, hubo un fuerte estruendo como de un trueno, y la mujer extraña desapareció. Al mismo tiempo, uno de los hombres de Thorfinn mató a uno de los nativos por intentar robar armas. Los otros nativos entonces huyeron, dejando todos sus bienes atrás. Cuando Gudrid preguntó a los demás si habían visto a la mujer extraña, todos dijeron que no.

Más tarde ese día, Thorfinn reunió a toda su tripulación. Les dijo—: Dudo que los nativos nos dejen en paz mucho más tiempo. Matamos a uno de los suyos, y es probable que sean hostiles cuando vuelvan. Tenemos que tener un plan de qué hacer cuando eso suceda. Esto es lo que haremos: Diez hombres irán a ese promontorio de allí y se dejarán ver por los nativos. El resto llevaremos nuestro ganado al bosque, donde cortaremos un claro para ellos. Cuando vengan hacia nosotros a través del bosque, soltaremos el toro sobre ellos antes de atacarlos nosotros mismos.

Los demás estuvieron de acuerdo con este plan. Escogieron un lugar con el lago a un lado y el bosque al otro para hacer el claro.

No pasó mucho tiempo antes de que un gran grupo de nativos llegara a donde Thorfinn y los otros esperaban con el ganado. Hubo una pelea, y muchos de los nativos fueron asesinados. Uno de los nativos era muy alto y guapo; Thorfinn pensó que este debía ser el jefe de ese pueblo. Otro de los nativos encontró un hacha que se había dejado caer durante la pelea. La miró por un momento, y luego se la lanzó a uno de sus compañeros, matándolo en el acto. El hombre alto y guapo agarró el hacha del que la había encontrado y la tiró lo más lejos posible en el lago. Entonces todos los nativos huyeron de ese lugar, y no molestaron más a Thorfinn y sus compañeros.

Thorfinn y los demás pasaron otro invierno allí, pero cuando llegó la primavera, Thorfinn dijo—: No me quedaré más tiempo aquí. Creo que todos deberíamos volver a Groenlandia. Carguemos nuestros barcos con la madera y otras cosas buenas que podamos vender en casa, y pongamos fin a esta aventura.

Los otros estuvieron de acuerdo en que este era el mejor plan. Cargaron sus barcos con la madera que habían cortado y con muchas vides y pieles finas. Zarparon tan pronto como todo estuvo listo, y después de un viaje sin incidentes, llegaron a salvo a Eiriksfjord, donde pasaron el invierno.

El verano siguiente, Thorfinn preparó su barco para navegar a Noruega. Tenía vientos favorables y llegó allí después de un breve viaje. Él y su esposa se quedaron en Noruega durante el invierno, y obtuvieron un buen beneficio de los bienes que habían traído de Vinlandia. Los nobles de ese lugar quedaron muy impresionados con Thorfinn y Gudrid, y los trataron muy bien todo el tiempo que estuvieron allí.

En la primavera, Thorfinn y Gudrid navegaron hacia Islandia. Desembarcaron en Skagafjord, y cuando el barco fue llevado a tierra y asegurado contra el clima invernal, fueron a Glaumbaer, donde compraron tierra, construyeron una casa y comenzaron a cultivar. Todo el mundo en Glaumbaer y las tierras circundantes estaban contentos de que Thorfinn hubiera ido a establecerse entre ellos, ya que se pensaba que era un hombre muy bueno y de buena reputación. Él y su esposa tuvieron muchos hijos. Eran una familia feliz y amados por todos sus vecinos.

Cuando Thorfinn murió, Gudrid dirigió la granja ella misma. Snorri, su hijo que había nacido en Vinlandia, la ayudó en esto. Snorri encontró una buena mujer para ser su esposa, y pronto se casaron. Después de la boda, Gudrid fue a ver a Snorri y le dijo—: Eres un hombre maduro, con una hermosa esposa que es una buena mujer. Te doy esta granja para que sea tuya, porque ahora voy a ir en peregrinación. Espero ir hasta Roma. Te deseo todas las bendiciones para ti, tu esposa y tus hijos que están por venir.

Después de que Gudrid se fuera en su peregrinación, Snorri hizo construir una iglesia en Glaumbaer, y cuando Gudrid regresó, tomó los votos como monja y vivió una vida monástica en la iglesia.

A los hijos de Thorfinn y Gudrid les fue muy bien, y fueron bendecidos, como Gudrid había dicho que serían. El hijo de Snorri, Thorgeir, tuvo una hija llamada Yngveld, y su hijo Brand se convirtió en obispo. La hija de Snorri, Hallfrid, se casó con un hombre llamado Runolf, y su hijo Thorlak también se convirtió en obispo. El hermano de Snorri, Bjorn, tuvo una hija llamada Thorunn, y su hijo, llamado Bjorn como su padre, también se convirtió en obispo.

La familia de Thorfinn Karlsefni era muy grande y muy próspera. Todos los respetaban, y tenían un gran número de descendientes. Fue Thorfinn quien contó la mayoría de las historias de estos viajes, cuyos relatos han sido ahora puestos por escrito.

*De Freydis Eiriksdottir*

El día que Thorfinn, Gudrid y su tripulación regresaron de Vinlandia, con sus barcos varados en el agua bajo cargas de madera y otras cosas buenas, la gente de Eiriksfjord una vez más comenzó a hablar de viajar hacia el oeste para buscar su propia fortuna.

Durante ese verano, dos hombres de Noruega llegaron a Groenlandia. Se llamaban Helgi y Finnbogi, y eran hermanos. Habían nacido en Islandia, en los fiordos orientales. Encontraron alojamiento y pasaron el invierno en Groenlandia.

Eirik el Rojo tenía una hija llamada Freydis, y vivía en Gardar con su marido, Thorvard. Había oído hablar de los dos hombres de Noruega y había estado albergando pensamientos propios sobre un viaje a Groenlandia. Freydis fue al lugar donde se alojaban Helgi y Finnbogi, y les preguntó si les gustaría ser socios con ella en un viaje a Vinlandia.

—Tomaremos tu barco y el mío—dijo—y cualquier beneficio que obtengamos lo repartiremos equitativamente entre nosotros.

—Esto es aceptable—dijeron los hermanos, y así los tres comenzaron a planear su viaje juntos.

Freydis fue a ver a su hermano, Leif, y le dijo—: Dame las casas que has construido en Vinlandia.

Leif respondió—: No te las daré, pero puedes tomarlas prestadas por el tiempo que las necesites.

Freydis acordó con Helgi y Finnbogi que cada uno de ellos llevaría treinta hombres y algunas mujeres a bordo de sus barcos. Freydis rompió su palabra casi inmediatamente al llevar cinco hombres más, ocultándolos a bordo de su barco hasta que llegaron a Vinlandia, cuando ya era demasiado tarde para hacer algo al respecto.

Acordaron navegar juntos en convoy, y así los barcos nunca estuvieron muy lejos el uno del otro, pero el barco de Helgi y Finnbogi se las arregló para llegar algún tiempo antes que el de Freydis. Cuando desembarcó, se encontró con que Helgi y Finnbogi y sus tripulaciones habían empezado a guardar sus pertenencias en algunas de las casas.

Cuando Freydis llegó con su tripulación y sus pertenencias, vio lo que Helgi y Finnbogi habían hecho—. ¿Por qué se han mudado a estas casas con todas sus pertenencias?—preguntó.

—Teníamos un acuerdo—dijo Helgi—. Nos quedamos en las casas también, como lo discutimos antes de irnos.

—No, no acordamos eso, y mi hermano tampoco—dijo Freydis—. Leif me prestó estas casas a mí, no a ustedes. Recojan sus cosas y váyanse. Construyan sus propias casas en otro lugar.

—Esto es algo malvado que haces, Freydis—dijo Helgi—. Finnbogi y yo nunca nos rebajaremos a esas cosas.

Y así Helgi, Finnbogi, y sus tripulaciones fueron tierra adentro un poco y construyeron una gran casa en la orilla del lago. Mientras los hermanos construían su casa, Freydis ordenó a su tripulación que empezara a talar árboles para hacer un cargamento de madera.

Cuando llegó el invierno, los hermanos fueron a Freydis y le dijeron—: Deberíamos visitar las casas de los demás durante el invierno. Podemos jugar y divertirnos, como lo hacemos en casa en esta época del año.

Freydis estuvo de acuerdo, pero no pasó mucho tiempo antes de que estallaran las peleas entre la gente de Freydis y las tripulaciones de los hermanos. Los dos grupos dejaron de visitarse mutuamente, y así el plan de Helgi y Finnbogi para un feliz invierno quedó en nada.

Una mañana, Freydis se despertó muy temprano mientras todos los demás en la casa estaban durmiendo. Se levantó de la cama sin despertar a su marido, se vistió y se puso la capa de su marido, pero no se puso ningún zapato. La hierba estaba llena de rocío en ese momento. Freydis caminó a través de la hierba mojada hasta la casa de los hermanos. Allí encontró la puerta entreabierta. La empujó para abrirla y esperó en la puerta. Finnbogi la vio allí de pie. Desde su cama en el otro extremo de la casa, dijo—: ¿Qué quieres, Freydis?

—Sal y habla conmigo—dijo.

Finnbogi estuvo de acuerdo. Fueron al tronco de un árbol caído y se sentaron a hablar.

—¿Estás bien?—preguntó Freydis.

—Sí—dijo Finnbogi—. Este país es un lugar muy agradable, y me alegro de haber venido. Pero es una pena que haya un sentimiento tan enfermizo entre nosotros y entre nuestras tripulaciones.

—Estoy de acuerdo—dijo Freydis—pero no es por eso que he venido a hablar contigo. He venido a pedirte que intercambies naves conmigo. Tu nave es más grande que la mía, y quiero irme de este lugar.

—Muy bien—dijo Finnbogi—. Probablemente no tiene sentido negarte. Te cambiaré mi nave por la tuya.

Entonces Finnbogi volvió a su cama, y Freydis volvió a las casas, donde todos seguían durmiendo. Freydis se subió a la cama junto a su marido, pero como sus pies estaban tan mojados y fríos por su paseo a través del rocío, lo despertó.

—¡Hola!—dijo Thorvard—. ¿Por qué tienes los pies tan fríos y húmedos?

—Fui a visitar a Helgi y a Finnbogi. Quería cambiar mi nave por la de ellos. Mi petición les hizo enfadar mucho, y me golpearon y me insultaron. Es probable que no hagas nada al respecto. Todo el mundo sabe que eres un cobarde, y probablemente no me defiendas. Es una pena que no estemos en Groenlandia; mis hermanos definitivamente harían algo con este insulto. Pero como no estamos en Groenlandia, todo lo que puedo hacer es decirte que si no me vengas, me divorciaré en el acto.

Thorvard se avergonzó de lo que había dicho Freydis y se enfadó. Despertó a los hombres de la casa y les dijo que cogieran sus armas y le siguieran. Thorvard, Freydis y los demás fueron a la casa de Helgi y Finnbogi, donde Thorvard y sus hombres hicieron prisioneros a todos los hombres que estaban dentro. Cuando los ataron fuera de la casa, Thorvard dijo—: ¿Qué hacemos con ellos ahora?

—Mátalos—dijo Freydis.

—¿A todos?—preguntó Thorvard.

—Sí—dijo Freydis—. Es la única manera.

Y así fue como Freydis mandó matar a todos los hombres que vinieron con Helgi y Finnbogi. Luego hizo que sacaran a las mujeres de la casa.

—Dame el hacha—dijo Freydis a uno de sus hombres. Él se la dio, y ella mató a cada una de las cinco mujeres que habían venido con Helgi y Finnbogi.

Entonces Freydis, Thorvard y sus hombres volvieron a las casas de Leif. Cuando llegaron, Freydis dijo—Cuando volvamos a Groenlandia, ninguno de ustedes dirá una palabra de lo que acaba de pasar. Si lo hacen, los encontraré y los mataré. Les diremos a todos que los otros decidieron establecerse aquí y que nos dieron su nave para llevar nuestra carga a casa.

En primavera, Freydis y su tripulación cargaron ambos barcos con los bienes que habían recogido durante su estancia en Vinlandia. Navegaron con vientos suaves todo el camino de vuelta a Eiriksfjord, donde Thorfinn Karlsefni se preparaba para salir hacia Noruega. Todo el mundo vio la carga que Freydis trajo consigo, y todos estuvieron de acuerdo en que era la mayor cantidad de bienes que alguien había traído a casa desde Vinlandia, y de lejos la más valiosa.

Freydis volvió a su granja después de recompensar a su tripulación muy generosamente para que no hablaran de lo que había pasado en Vinlandia. Entonces Freydis volvió a trabajar en su granja y a cuidar de su ganado.

Sin embargo, había algunos entre la tripulación de Freydis que no podían guardar silencio sobre lo que había hecho. Pronto se corrió la voz de que Freydis había hecho asesinar a la tripulación de Helgi y Finnbogi y que ella misma había matado a todas las mujeres. Finalmente, Leif, el hermano de Freydis, escuchó la historia y quedó horrorizado. Hizo que arrestaran a tres de la tripulación de Freydis y los torturó hasta que contaron toda la historia. Cuando lo oyó todo, Leif dijo—: No soy yo quien debe castigar a mi hermana por sus crueles actos. Pero creo que a sus hijos y a los hijos de sus hijos no les irá bien. Esa será una recompensa suficiente.

Las palabras de Leif se hicieron realidad. Cuando Freydis y Thorvard tuvieron hijos, todos los trataron mal porque esperaban que se comportaran como su madre. Y cuando esos niños tuvieron hijos propios, la gente los trató mal también por la misma razón.

Así terminan las Sagas de Vinlandia.

## Vea más libros escritos por Matt Clayton

# Referencias

Boult, Katharine F. *Heroes of the Northlands: Their Stories Retold*. London: J. M. Dent & Co., 1903.

Chadwick, Nora. *Stories and Ballads of the Far Past*. Cambridge: Cambridge University Press, 1921.

Edwards, Paul, and Hermann Pálsson, ed. and trans. *Arrow-Odd: A Medieval Novel*. New York: New York University Press, 1970.

Gathorne-Hardy, Geoffrey Malcolm, trans. *The Norse Discoverers of America: The Wineland Sagas*. Oxford: Clarendon Press, 1921.

Jones, Gwyn. *The Norse Atlantic Saga*. New ed. Oxford: Oxford University Press, 1964.

Kolodny, Annette. *In Search of First Contact: The Vikings of Vinland, the People of Dawnland, and the Anglo-American Anxiety of Discovery*. Durham: Duke University Press, 2012.

Kunz, Keneva, trans. "The Vinland Sagas". In *The Sagas of Icelanders: A Selection*, pp. 626–76. New York: Viking Penguin, 2000.

Magnusson, Magnus, and Hermann Pálsson. *The Vinland Sagas: The Norse Discovery of America*. New York: New York University Press, 1966.

Munch, Peter Andreas. *Norse Mythology: Legends of Gods and Heroes.* Trans. Sigurd Bernhard Hustvedt. New York: The American-Scandinavian Foundation 1926.

Pringle, Heather. "Evidence of Viking Outpost found in Canada". *National Geographic News* (19 October 2012). <https://www.nationalgeographic.com/news/2012/10/121019-viking-outpost-second-new-canada-science-sutherland/#close> Accessed 25 May 2020.

Reeves, Arthur Middleton, North Ludlow Beamish, and Rasmus B. Anderson, trans. *Norroena: The History and Romance of Northern Europe.* Vol. 15, *Vinland Edition.* n. c.: n. p., T. H. Smart, 1906.

Simpson, Jaqueline, trans. *The Northmen Talk: A Choice of Tales from Iceland.* London: Phoenix House, 1965.

Tolkien, Christopher, trans. *Saga Heidriks Konungs ins Vitra/The Saga of King Heidrik the Wise.* London: Thomas Nelson and Sons, Ltd., 1960.

Tunstall, Peter, trans. *The Saga of Hervor & King Heidrik the Wise.* In *The Complete Fornaldarsögur Nederlanda: Legendary Sagas of the Northland in English Translation.* <http://www.germanicmythology.com/FORNALDARSAGAS/HerararSagaTunstall.html> Accessed 8 April 2020.

Waggoner, Ben, trans. *The Hrafnista Sagas.* New Haven: Troth Publications, 2012.

Wallace, Birgitta. "The Norse in Newfoundland: L'Anse aux Meadows and Vinland". *Newfoundland and Labrador Studies* 19/1. Retrieved from https://journals.lib.unb.ca/index.php/NFLDS/article/view/140.

n. a. *Norse Tales of Legends, Gods & Heroes.* Stamford: Longmeadow Press, 1996. *(en inglés)*

Boult, Katherine F. *Asgard & the Norse Heroes.* London: J. M. Dent & Sons, Ltd., [1914]. *(en inglés)*

Bartlett, R. «The Viking Hiatus in the Cult of Saints as Seen in the Twelfth Century». In *The Long Twelfth-Century View of the Anglo-Saxon Past*, editado por Martin Brett and David A. Woodman, 13-25. Abingdon: Routledge, 2016. *(en inglés)*

Burns, Marjorie J. *Perilous Realms: Celtic and Norse in Tolkien's Middle-earth*. Toronto: University of Toronto Press, 2005. *(en inglés)*

Carpenter, Humphrey. *Tolkien: una biografía*. Boston: Houghton Mifflin Company, 1977.

Crawford, Jackson, traducción. *The Saga of the Volsungs, with the Saga of Ragnar Lothbrok*. Indianapolis: Hackett Publishing Company, Inc., 2017. *(en inglés)*

Edminson, John P. *Stories from the Norseland*. Philadelphia: The Penn Publishing Co., 1909. *(en inglés)*

Elton, Oliver, traducción. *The Nine Books of the Danish History of Saxo Grammaticus*. 2 vols. London: Norroena Society, [1905]. *(en inglés)*

Jonathan Evans, «The Dragon-Lore of Middle Earth: Tolkien and Old English and Old Norse Tradition», in *J. R. R. Tolkien and His Literary Resonances: Views of Middle Earth*, ed. George Clark and Daniel Timmons (Westport: Greenwood Press, 2000), 21-38. *(en inglés)*

Graham-Campbell, James, ed. *Cultural Atlas of the Viking World*. Oxford: Andromeda, 1994. *(en inglés)*

Guerber, Helene Adeline. *Legends of the Middle Ages*. New York: American Book Company, 1929. *(en inglés)*

Hall, Richard. *The World of the Vikings*. Nueva York: Thames and Hudson, 2007. *(en inglés)*

Haywood, John. Northmen: *The Viking Saga A.D. 793-1241*. New York: Thomas Dunne Books, 2015. *(en inglés)*

Heaney, Seamus, traducción. *Beowulf.* Nueva York: Farrar, Straus & Gerous, 2000. *(en inglés)*

Hendenstierna-Jonson, Charlotte, et al. "A Female Viking Warrior Confirmed by Genomics." *American Journal of Physical Anthropology* 164/4 (2017): 853-60. *(en inglés)*

Jesch, Judith. *Women in the Viking Age.* Woodbridge: The Boydell Press, 1991. *(en inglés)*

Kidder, Daniel P. *Stories of the Norsemen.* Rev. ed. New York: Carlton & Phillips, 1854. *(en inglés)* Magnusson, Eirikr, and William M. Morris.

*The Volsunga Saga.* Londres: Norroena Society, 1906. *(en inglés)*

Mawer, Allen. «Ragnar Lothbrok and His Sons». *The Saga Book of the Viking Club* 6 (1909): 68-89. *(en inglés)*

Morris, Charles. *Historical Tales: The Romance of Reality.* Vol. 9, *Scandinavian.* Philadelphia: J. B. Lippincott and Company, 1908. *(en inglés)*

Munch, Peter. *Norse Mythology: Legends of Gods and Heroes.* Trans. Sigurd Bernhard Hustvedt. Nueva York: American-Scandinavian Foundation, 1926. *(en inglés)*

Neil Oliver, *The Vikings: A New History* (Nueva York: Pegasus Books LLC, 2013) *(en inglés)*

Resnick, Henry. «The Hobbit-Forming World of J. R. R. Tolkien». *The Saturday Evening Post* (2 July 1966): 90-94. *(en inglés)*

Schlauch, Margaret, traducción. *The Saga of the Volsungs: The Saga of Ragnar Lodbrok Together with the Lay of Kraka.* Nueva York: The American Scandinavian Foundation, 1930. *(en inglés)*

Speight, E. E. *Children of Odin.* Rev. ed. London: Horace Marshall & Son, [1903]. *(en inglés)*

St. Clair, Gloriana. «An Overview of the Northern Influences on Tolkien's Works». *Mythlore: A Journal of J. R. R. Tolkien, C. S.*

Lewis, Charles Williams, and Mythopoeic Literature 2 (1996): 63-67. *(en inglés)*

Taggart, Caroline. *The Book of English Place Names: How Our Towns and Villages Got Their Names.* n. p.: Ebury Press, 2011. *(en inglés)*

Tolkien, J. R. R. *The Silmarillion.* Ed. Christopher Tolkien. Boston: Houghton Mifflin Company, 1977. *(en inglés)*

——. *Smith of Wootton Major and Farmer Giles of Ham.* n.c.: Ballantine Books, 1972. *(en inglés)*——.

*The Hobbit.* Boston: Houghton Mifflin Company, 1966. *(en inglés)*

——. "On Fairy-Stories." In *Essays Presented to Charles Williams*, pp. 38-89. London: Oxford University Press, 1947. *(en inglés)*

Waggoner, Ben, traducción. *The Sagas of Ragnar Lodbrok.* New Haven: The Troth, 2009. *(en inglés)*

Albert Welles, *The Pedigree and History of the Washington Family* (Nueva York: Society Library, 1879). *(en inglés)*

Wheaton, Henry. *History of the Northmen, or Danes and Normans, from the Earliest Times to the Conquest of England.* Londres: J. Murray, 1831. *(en inglés)*

Anders Winroth, *The Age of the Vikings* (Princeton: Princeton University Press, 2014). *(en inglés)*

Kirsten Wolf, *Daily Life of the Vikings* (Westport: The Greenwood Press, 2004), *(en inglés)*

[i] Kirsten Wolf, *Daily Life of the Vikings* (Westport: The Greenwood Press, 2004), p. 22. *(en inglés)*
[ii] Wolf, *Daily Life*, p. 22. *(en inglés)*
[iii] Wolf, *Daily Life*, p. 22. *(en inglés)*
[iv] Richard Hall, *El mundo de los Vikingos* (Nueva York: Thames and Hudson, 2007), pp. 40-43.
[v] Anders Winroth, *The Age of the Vikings* (Princeton: Princeton University Press, 2014), pp. 138-9. *(en inglés)*
[vi] James Graham-Campbell, ed., *Cultural Atlas of the Viking World* (Oxford: Andromeda, 1994), p. 63.
[vii] Graham-Campbell, *Cultural Atlas*, pp. 80-83. *(en inglés)*
[viii] Wolf, *Daily Life*, p. 8. *(en inglés)*
[ix] Wolf, *Daily Life*, p. 10-11. *(en inglés)*
[x] Winroth, *Age of the Vikings*, pp. 164-65. *(en inglés)*
[xi] Las historias de las mujeres guerreras en el relato de Saxo se resumen en la obra de Judith Jesch, *Women in the Viking Age* (Woodbridge: The Boydell Press, 1991) *(en inglés)*, a partir de la página 176.
[xii] Charlotte Hendenstierna-Jonson et al., «A Female Viking Warrior Confirmed by Genomics,» *American Journal of Physical Anthropology* 164/4 (2017): 853-60.
[xiii] Hendenstierna-Jonson et al., "Female Viking Warrior," p. 855. *(en inglés)*
[xiv] Hendenstierna-Jonson et al., "Female Viking Warrior," p. 855. *(en inglés)*
[xv] Hall, *El mundo de los Vikingos*, p. 34.
[xvi] Jesch, *Women in the Viking Age*, pp. 183-85. *(en inglés)*
[xvii] Wolf, *Daily Life*, p. 13. *(en inglés)*
[xviii] Wolf, *Daily Life*, pp. 8-9. *(en inglés)*
[xix] Wolf, *Daily Life*, p. 10. *(en inglés)*
[xx] Wolf, *Daily Life*, p. 10. *(en inglés)*
[xxi] Winroth, *Age of the Vikings*, pp. 162-64. *(en inglés)*
[xxii] Winroth, *Age of the Vikings*, pp. 162-64. *(en inglés)*
[xxiii] Winroth, *Age of the Vikings*, pp. 163-64. *(en inglés)*
[xxiv] Neil Oliver, *The Vikings: A New History* (New York: Pegasus Books LLC, 2013), p. 108. *(en inglés)*
[xxv] Winroth, *Age of the Vikings*, p. 123. *(en inglés)*
[xxvi] John Haywood, *Los hombres del Norte: La saga vikinga 793-1241* (Nueva York: St. Martin's Press, 2015), p. 14.
[xxvii] Wolf, *Daily Life*, p. 24 *(en inglés)*; Graham-Campbell, *Cultural Atlas*, p. 75. *(en inglés)*
[xxviii] Haywood, *Los hombres del Norte*, p. 22.
[xxix] Graham-Campbell, *Cultural Atlas*, p. 75. *(en inglés)*
[xxx] Wolf, *Daily Life*, p. 24. *(en inglés)*
[xxxi] Graham-Campbell, *Cultural Atlas*, p. 78. *(en inglés)*
[xxxii] Graham-Campbell, *Cultural Atlas*, p. 78. *(en inglés)*

xxxiii Hall, *El mundo de los Vikingos*, p. 33, 99.
xxxiv Hall, *El mundo de los Vikingos*, p. 101.
xxxv Winroth, *Age of the Vikings*, p. 124-27. *(en inglés)*
xxxvi Graham-Campbell, *Cultural Atlas*, p. 78. *(en inglés)*
xxxvii Graham-Campbell, *Cultural Atlas*, p. 85. *(en inglés)*
xxxviii Hall, *El mundo de los Vikingos*, p. 59.
xxxix Hall, *El mundo de los Vikingos*, p. 60.
xl Hall, *El mundo de los Vikingos*, p. 60. Ribe es una ciudad de Dinamarca.
xli Haywood, *Los hombres del Norte*, p. 42-3.
xlii Haywood, *Los hombres del Norte*, p. 45.
xliii Haywood, *Los hombres del Norte*, p. 45, 88.
xliv Haywood, *Los hombres del Norte*, p. 169-70.
xlv Winroth, *Age of the Vikings*, p. 136. *(en inglés)*
xlvi Winroth, *Age of the Vikings*, p. 136-39. *(en inglés)*
xlvii Winroth, *Age of the Vikings*, p. 136-37. *(en inglés)*
xlviii Hall, *El mundo de los Vikingos*, p. 54.
xlix Haywood, *Los hombres del Norte*, p. 47.
l Oliver, *New History*, p. 169. *(en inglés)*
li Graham-Campbell, *Cultural Atlas*, pp. 190-91. *(en inglés)*; Winroth, *Age of the Vikings*, p. 114. *(en inglés)*
lii Graham-Campbell, *Cultural Atlas*, pp. 190-91. *(en inglés)*
liii Hall, *El mundo de los Vikingos*, p. 150, 152.
liv Hall, *El mundo de los Vikingos*, p. 151.
lv Hall, *El mundo de los Vikingos*, p. 181.
lvi Hall, *El mundo de los Vikingos*, p. 160.
lvii Hall, *El mundo de los Vikingos*, p. 161.
lviii Ben Waggoner, traducción., *The Sagas of Ragnar Lodbrok* (New Haven: The Troth, 2009), p. xiii. *(en inglés)*
lix Ben Waggoner, traducción., *The Sagas of Ragnar Lodbrok*, p. xi. *(en inglés)*
lx Ben Waggoner, traducción., *The Sagas of Ragnar Lodbrok*, p. xiii. *(en inglés)*
lxi Ben Waggoner, traducción., *The Sagas of Ragnar Lodbrok*, p. xxiv. *(en inglés)* El manuscrito en cuestión se encuentra en la Biblioteca Real Danesa de Copenhague, MS NkS 1824b 4to.
lxii Este manuscrito se encuentra en la Biblioteca Real Danesa de Copenhague, MS AM 147 4to. Ben Waggoner, traducción., *The Sagas of Ragnar Lodbrok*, p. xxiv. *(en inglés)*
lxiii Robert Crawford, *Scotland's Books: A History of Scottish Literature* (Oxford: Oxford University Press, 2009), n. p., *(en inglés)* consultado a través de los Libros de Google <http://google.com/books> 23 de marzo de 2020.
lxiv n. a., *Teutonic Forms*, p. 3 *(en inglés)* (PDF visitado en https://www.jsicmail.ac.uk, 23 de marzo de 2020). El PDF parece citar a Turville-Petre, p. xix, como fuente para la definición de *háttlausa,* pero no da una descripción bibliográfica más allá del apellido del autor y el número de página. Es

posible que esta información se haya tomado de la obra *Scaldic Poetry* de
Gabriel Turville-Petre (Oxford: Clarendon Press, 1976), pág. xxix, pero no tengo
acceso a este volumen y, por lo tanto, no puedo confirmar la exactitud de esta
suposición.
[lv] Ben Waggoner, traducción., *The Sagas of Ragnar Lodbrok*, p. x. *(en inglés)*
[lvi] Elton, traducción., *Saxo Grammaticus*, vol. 2, p. 544-5. (en inglés)
[lvii] Elton, traducción., *Saxo Grammaticus*, vol. 2, p. 550 (episodio de Carlomagno)
and 552-4 (episodio de Hellespont). (en inglés)
[lviii] Winroth, *Age of the Vikings*, p. 134-38. *(en inglés)*
[lix] Wolf, *Daily Life*, p. 55. *(en inglés)*
[lx] Wolf, *Daily Life*, p. 55. *(en inglés)*
[lxi] Crawford, *Volsungs*, p. xv. *(en inglés)*
[lxii] R. Bartlett, «The Viking Hiatus in the Cult of Saints as Seen in the Twelfth
Century,» in *The Long Twelfth-Century View of the Anglo-Saxon Past*, editado
por Martin Brett y David A. Woodman (Abingdon: Routledge, 2016), p. 18.
Bartlett cita el manuscrito F de la obra *Chronicle*, f. 54. «Viking Hiatus» n. 16.
*(en inglés)*
[lxiii] Bartlett, *Viking Hiatus*, p. 17-8. *(en inglés)*
[lxiv] Bartlett, *Viking Hiatus*, p. 18. *(en inglés)*
[lxv] Ben Waggoner, traducción., *The Sagas of Ragnar Lodbrok*, p. xvi-xvii. *(en inglés)*
[lxvi] Albert Welles, *The Pedigree and History of the Washington Family* (Nueva
York: Society Library, 1879). *(en inglés)*
[lxvii] En una versión medieval de la saga, Ragnar afirma que tiene quince años en su
verso para Thora, pero esta versión no incluye la estancia de Ragnar con
Ladgerda. Debido a que incluyo la historia de Ragnar conociendo y casándose
con Ladgerda antes de su encuentro con el dragón, he cambiado la edad de
Ragnar a dieciocho años para tener en cuenta sus tres años con Ladgerda.
[lxviii] Un kenning para «dragón».
[lxix] Otro kenning para «dragón».
[lxx] Un kenning para «negro». También es un juego de palabras con el nombre
«Kraka», que significa «cuervo».
[lxxi] Las fuentes originales no son claras sobre la naturaleza exacta de la
discapacidad de Ivar. En cierto modo, las descripciones parecen sugerir una
forma más leve de enfermedad de los huesos frágiles (osteogénesis imperfecta),
pero también podrían referirse al raquitismo. El raquitismo es una enfermedad
infantil que produce un ablandamiento de los huesos, causado por la falta de
vitamina D. Entre los efectos de este ablandamiento se incluyen la flexión de las
piernas y los nudos de las rodillas, lo que afecta la capacidad de caminar. El
raquitismo es más común en las latitudes septentrionales debido a la falta de luz
solar durante una parte importante del año. También puede deberse a factores
genéticos o a que la madre tenga una grave deficiencia de vitamina D durante el
embarazo.

[lxxxii] El padre de Kraka o Aslaug también tenía la habilidad de entender el habla de los pájaros, que adquirió al probar accidentalmente algo de la sangre del dragón Fafner mientras lo asaba para Regin, el herrero del que Sigfrido era aprendiz y que era hermano de Fafner.

[lxxxiii] «Fafnirsbane» significa «asesino de Fafnir».

[lxxxiv] Aunque la saga solo se escribió en tiempos cristianos, uno se pregunta si el pozo de las serpientes tenía la intención de ser algún tipo de referencia al concepto pagano ya sea a Hvergelmir o a Nastrandir. Este último era un lugar en el inframundo nórdico que estaba hecho de serpientes venenosas y el primero era un lugar habitado por una serpiente gigante. Nastrandir era el lugar al que se enviaban las almas de los rompedores de juramentos y asesinos mientras que Hvergelmir era el lugar donde una serpiente gigante consumía las almas de los más malvados. Si esta coincidencia de imágenes entre las creencias paganas y el texto de la saga fuera en efecto intencionada, podría añadir aún más degradación al método utilizado para la muerte de Ragnar, ya que indica que Aelle lo veía no como un noble enemigo sino más bien como un deshonrado asesino. También es posible que se pretendiera establecer un vínculo entre Ragnar y Gunter de la *Saga de los volsungos*, quien también encuentra su final en un pozo lleno de serpientes.

[lxxxv] El pago del *wergeld* era una práctica importante en las antiguas sociedades germánicas y escandinavas. La finalidad del *wergeld* era compensar a la víctima —o a la familia de la víctima, si la víctima moría— por los daños sufridos a causa del delito cometido por el agresor. La suma que se debía pagar variaba según la naturaleza de la lesión, el género y la condición social de las partes interesadas. Una vez que se había pagado el *wergeld*, la víctima o su familia tenían que renunciar a cualquier derecho a exigir un pago o a realizar una venganza posterior.

[lxxxvi] Algunas de las fuentes que consulté decían que «Lundunaborg» era Londres; otras decían que era Lincoln. Ninguna de las dos identificaciones puede ser históricamente exacta ya que tanto Londres como Lincoln se fundaron por los romanos mucho antes de que los vikingos llegaran a Inglaterra. Peter Munch defiende la idea de «Londres» en su obra *Norse Mythology: Legends of Gods and Heroes* (Nueva York: American-Scandinavian Foundation, 1926), p. 251 *(en inglés)*. Katharine F. Boult, por otro lado, afirma que la fortaleza de Ivar era Lincoln. *Asgard & the Norse Heroes* (Londres: J. M. Dent & Sons, Ltd., 1914), p. 253 *(en inglés)*.

[lxxxvii] Las fuentes medievales no coinciden en lo que implicaron exactamente la tortura y la muerte de Aelle. Algunas parecen indicar que la imagen de un águila se grabó en su espalda, pero otra versión afirma que el «águila» se creó al abrir la caja torácica de la víctima por la espalda y después separar sus pulmones como si fueran alas. El historiador Anders Winroth dice que la dificultad de traducir la versión original en nórdico antiguo ha llevado a otros malentendidos sobre el «águila de sangre». Winroth dice que la interpretación en la que un águila se

graba en la espalda de Aelle con un cuchillo también puede ser una mala traducción, aunque él la encuentra gramaticalmente correcta y que podría haber sido la intención original del creador de la saga decir que a Aelle lo mataron y que después su cuerpo se dejó como alimento para las aves de presa. *The Age of the Vikings* (Princeton: Princeton University Press, 2014), p. 36-7 *(en inglés).*

[lxxxviii] Citado en la obra de Henry Resnick, *The Hobbit-Forming World of J. R. R. Tolkien*, The Saturday Evening Post (2 July 1966), p. 94 *(en inglés).* Tolkien fue menos optimista acerca de las influencias celtas en su trabajo y se ofendió cuando un primer revisor de *The Silmarillion* dijo que habían notado una influencia celta. Marjorie J. Burns, *Perilous Realms: Celtic and Norse in Tolkien's Middle-earth* (Toronto: University of Toronto Press, 2005), n.p., consultado en Google Books, el 18 de marzo de 2020 <http://www.google.com/books> *(en inglés).*

[lxxxix] Humphrey Carpenter, *J.R.R. Tolkien: una biografía* (Boston: Houghton Mifflin Company, 1977), p. 22, 35-36.

[xc] Carpenter, *Tolkien*, p. 34-5.

[xci] Carpenter, *Tolkien*, p. 71.

[xcii] Carpenter, *Tolkien*, p. 111, 200.

[xciii] Jonathan Evans, «The Dragon-Lore of Middle Earth: Tolkien and Old English and Old Norse Tradition,» in *J. R. R. Tolkien and His Literary Resonances: Views of Middle Earth*, ed. George Clark and Daniel Timmons (Westport: Greenwood Press, 2000), 21-38. *(en inglés)*

[xciv] Evans, *Dragon-Lore*, p. 31. *(en inglés)*

[xcv] Margaret Schlauch, traducción., *The Saga of the Volsungs: The Saga of Ragnar Lodbrok Together with the Lay of Kraka* (Nueva York: The American Scandinavian Foundation, 1930), p. 96 *(en inglés)*; J. R. R. Tolkien, *El hobbit* (Boston: Houghton Mifflin Company, 1966), p. 262.

[xcvi] Schlauch, *Volsungs*, p. 95 *(en inglés)*; Tolkien, *El hobbit*, p. 240.

[xcvii] Tolkien, *El hobbit*, p. 261.

[xcviii] Schlauch, *Volsungs*, p. 101 *(en inglés).*

[xcix] Schlauch, *Volsungs*, p. 96-7 *(en inglés).*

[c] Tolkien, *El Silmarillion*, p. 214

[ci] Tolkien, *El Silmarillion*, p. 223

[cii] Tolkien, *El Silmarillion*, p. 225

[ciii] Tolkien, *El Silmarillion*, p. 225

[civ] Tolkien, *El hobbit*, p. 25.

[cv] Tolkien, *El hobbit*, p. 235.

[cvi] Schlauch, *Volsungs*, p. 96-9 *(en inglés).*

[cvii] Véase, por ejemplo, Phelim O'Neill, «Vikings: Don't Dismiss This Show as Game of Thrones-Lite,» *The Guardian* (23 de mayo de 2014), <https://www.theguardian.com/tv-and-radio/tvandradioblog/2014/may/23/vikings-review-history-channel-game-of-thrones>, consultado el 9 de marzo de 2020. *(en inglés)*

[cviii] Véase, por ejemplo, George Sim Johnston, «The History Channel Gets *Vikings*

Precisely Wrong,» *The American Spectator* (12 de marzo de 2013), <https://spectator.org/33770_history-channel-gets-vikings-precisely-wrong/>, consultado el 9 marzo de 2020. *(en inglés)*
[cix] Michael Hirst, «Foreword» en la obra *The World of Vikings* por Justin Pollard (San Francisco, Chronicle Books, 2015), p. 5. *(en inglés)*
[cx] John Haywood, *Los hombres del Norte: La saga vikinga 793-1241* (Nueva York: St. Martin's Press, 2015), p. 98.
[cxi] Haywood, *Los hombres del Norte*, p. 99-100.
[cxii] Johnston, «The History Channel». *(en inglés)*
[cxiii] Anders Winroth, *The Age of the Vikings* (Princeton: Princeton University Press, 2014), p. 143-9. *(en inglés)*
[cxiv] Winroth, *Age of the Vikings*, p. 136. *(en inglés)*
[cxv] Johnston, «The History Channel». *(en inglés)*
[cxvi] James Graham-Campbell, ed., *Cultural Atlas of the Viking World* (Oxford: Andromeda, 1994), p. 43. *(en inglés)*

www.ingramcontent.com/pod-product-compliance
Lightning Source LLC
Chambersburg PA
CBHW030113240426
43673CB00002B/60